케노시스 : 자기비움

케노시스
: 자기비움

고성준

KENOSIS

규장

세상이 보고 싶어 하는 진짜 기쁨의 비밀

세상에는 기쁜 일이 많을까? 염려할 일이 많을까? 염려할 일이 점점 많아지는 세상을 살고 있다고 느끼는 것은 나만의 생각일까? 성경은 아무것도 염려하지 말라고 이야기하는데, 우리는 점점 더 많이 염려한다.

세상에는 평안한 일이 많을까? 두려운 일이 많을까? 성경은 평안하라고 이야기하는데, 우리는 점점 더 많이 두려워한다.

바울이 쓴 빌립보서는 '기쁨'에 대한 책이다. 옥에 갇혀 죽음을 기다리던 바울은 어떻게 두려움을 이기고 평강을 누릴 수 있었을까? 죽음의 염려와 고통 속에서 어떻게 기쁨을 누린다고 전할 수 있었을까? 참 궁금하다. 그리고 부럽다. 이 책은 그 부러움에서 시작되었다. 나도 그 기쁨을 누리고 싶다는 부러움 말이다.

복음에는 시대정신이 있다. 그것은 한 시대를 지배하는 죄와 어둠을 이기는 힘이다.

불의한 시대에 복음은 저항으로 나타나고,
망가진 시대에 복음은 치유로 나타난다.
무너진 시대에 복음은 회복으로 나타나고,
어두운 시대에 복음은 소망으로 나타난다.
분열 속에서 복음은 연합으로 나타나고,
원망 속에서 복음은 용서로 드러나며,
경쟁 속에서 복음은 희생으로 빛을 발한다.

본질은 동일하지만 복음은 특정한 시대의 상황과 어둠을 밝히는 빛으로, 그 시대가 풀어야 할 과제를 돌파하는 시대정신으로 역사해왔다.

그렇다면 우리 시대 복음의 시대정신은 무엇일까? 그것은 '기쁨'이다. 이 시대를 뒤덮고 있는 낙심과 우울, 스트레스와 분노 한가운데서, 오랜 기간 해결될 기미조차 보이지 않는 문제 앞에서, 복음은 기쁨으로 나타난다.

그렇다. 교회는 기쁨을 전하는 곳이다. 교회는 상황을 뒤엎는 기쁨의 근원이자 상식을 깨는 기쁨의 원천이 되어야 한다.

기뻐할 수 없는 상황 속에서 기뻐하고,
평안할 수 없는 상황 속에서 평안을 누리는 것!
감사할 수 없는 상황 속에서 감사하고,
요동치는 폭풍 속에서 고요한 평화를 누리는 것!

이것이야말로 복음이 이 시대를 향해 전하는 가장 강력한 편지이자 메시지다. 우리가 누리는 기쁨이 세상의 빛이며 소망이 된다. '아! 기뻐할 수 있구나!', '아, 저런 상황에서도 평안할 수 있구나!' 세상이 보고 싶어 하고, 누리고 싶어 하는 것이 바로 이 충만한 기쁨이 아닐까? 당신 안에도 기쁨이 충만하기를 기도한다.

어떻게 이 기쁨을 누리냐고? 십자가의 길을 감으로써 누릴 수 있다! 기쁨에는 역설이 있다. 예수께서는 십자가에서 가장 기뻐하셨다. 자신을 비우고 십자가에 오르실 때, 거기에는 역설적이게도 충만한 기쁨이 있었다. 자신을 비우는 것을 헬라어로는 '케노시스'(χενοσις), 자기비움이라고 한다.

그렇다. 케노시스! 이것이 이 책을 쓰게 된 이유다! 자, 기쁨에 이르는 여정을 시작해보자! 그러나 조심하라. 어쩌면 당신이 생각하는 기쁨의 여정과는 많이 다를 수 있으니까! 하지만 그곳에 진짜 기쁨이 있다. 예수께서 누리셨던 그 기쁨 말이다. 사도 바울도 이 기쁨으로 인해 감옥에서도 기쁨을 놓치지 않았다. 이 기쁨에 다다를 수 있다면 당신도 기쁠 수 있다. 어떤 상황에서든지 말이다.

고성준

프롤로그

KENOSIS

PART 1

기쁨에
이르는 길

K E N O S I S

chapter 01

기뻐하라, 항상!

[빌 4:4] 주 안에서 항상 기뻐하라 내가 다시 말하노니 기뻐하라

I. 복음은 기쁜 것이다

복음은 절대적으로 '기쁜 것'이다. 복음은 슬픔을 기쁨으로, 염려를 평강으로 바꾸는 능력이다. 하나님이 우리에게 주시는 것은 기쁨이지 슬픔이 아니다. 하나님이 우리에게 주시는 것은 감사지 염려가 아니다. 하나님이 우리에게 주시는 것은 평강이지 두려움이 아니다. 성경은 끊임없이 우리에게 "두려워하지 말라, 염려하지 말라, 낙심하지 말라"고 이야기한다.

[수 1:9] 내가 네게 명령한 것이 아니냐 강하고 담대하라 두려워하지 말며 놀라지 말라

[딤후 1:7] 하나님이 우리에게 주신 것은 두려워하는 마음이 아니요

[빌 4:6] 아무것도 염려하지 말고 다만 모든 일에 기도와 간구로, 너희 구할 것을 감사함으로 하나님께 아뢰라

[엡 3:13] 그러므로 너희에게 구하노니 너희를 위한 나의 여러 환난에 대하여 낙심하지 말라

오직 성령의 열매는 사랑과 희락과 화평이다. 성령께서 우리 안에 계실 때 우리 마음은 두려움과 염려와 낙심이 아니라, 사랑과 기쁨과 평안으로 가득하다. 하나님께서는 우리가 성령 안에 있는 이 기쁨을 누리기 원하신다. 아니, 이 기쁨을 누리라고 명령하신다! 그것도 '항상' 말이다.

[빌 4:4] 주 안에서 항상 기뻐하라 내가 다시 말하노니 기뻐하라

복음은 우리 마음, 좀 더 정확히는 감정과 깊게 연결되어 있다. 감정 자체가 우리의 신앙을 결정하는 것은 아니지만, 진실한 믿음과 감정은 깊이 연결되어 있다.

예를 들어 착한 일을 한다고 할지라도 어떤 마음으로, 즉 어떤 감정으로 하느냐가 그 의미를 결정하고, 예배를 드리고 헌금을 할 때도 어떤 마음으로 하느냐가 하나님이 받으시는 예배인지 아닌지를 결정한다. 기쁜 마음으로 하는가 아니면

불편한 마음으로 하는가, 이것이 우리 행동의 영적인 의미를 결정하는 것이다.

우리 내면의 감정은 생각보다 중요하다. 그리고 성경은 "항상 기뻐하라", "범사에 감사하라"고 명령한다. 기쁨과 감사, 평안과 소망이 우리 내면에 항상 가득하게 하라는 것이다. 성경이 이야기하는 '기쁨'은 기쁨만이 아니라 평안, 소망, 감사와 같은 영적인 감정들을 포괄적으로 대표하는 단어다. 이 포괄적 기쁨은 우리가 하는 행동들이 하나님 앞에서 의미 있는 행동이 되게 한다.

2. 항상 기뻐하라

그런데 주목해야 할 중요한 단어가 있다. 그것은 '항상'이다. 데살로니가전서 역시 기쁨을 이야기하면서 항상을 첨언한다.

[살전 5:16] 항상 기뻐하라

하나님께서는 우리가 기쁨을 누리기 원하시는데, 항상 누리기를 원하신다. 살다보면 힘들 때가 있다. 경제적인 어려움을 겪기도 하고, 건강에 이상이 오기도 한다. 또 우리가 지나온 것처럼 긴 팬데믹을 통해 집단 우울증에 빠지기도 한다.

이럴 때는 기쁨의 감정을 유지하기가 쉽지 않다. 오히려 우울과 낙심, 원망과 분노 등 부정적인 감정이 마음을 어지럽힌다. 그런데 성경은 그럴 때조차 기쁨을 잃지 말라고 이야기한다. 항상 기뻐하라고 하지 않았는가! 사업이 망해도 기뻐하고, 병에 걸려도 기뻐하고, 오해를 받아도 기뻐하고, 핍박을 당해도 기뻐하고, 항상 기뻐하라는 것이다.

(1) 혼돈에서 분노로, 분노에서 낙심으로

빌립보서는 바로 그 '기쁨'에 관한 책이다. 바울은 감옥에서 빌립보서를 기록했다. 곧 끝날 줄 알았던 구금 기간은 생각보다 길어졌고, 언제 끝날지 기약도 없었다. 기쁨과는 거리가 먼 상황이다. 처음에 옥에 갇혔을 때는 그래도 믿음이 살아있었을 것이다.

'하나님께서 곧 나가게 해주실 거야! 오히려 더 큰 기회가 될 수도 있어! 빌립보감옥에서도 그랬잖아!'

그런데 이상하다. 한 달이 지나고 두 달이 지나도 아무런 기미가 보이지 않는다. 대부분의 사람은 이 시점에서 헷갈리기 시작한다.

'어? 이게 뭐지? 하나님이 왜 이러시지? 나를 잊어버리셨나?'

시간이 흐르며 이 헷갈림은 분노로 바뀐다.

'하나님이 어떻게 나에게 이러실 수가 있어! 이건 아니지! 사람들은 또 어떻게 나한테 이럴 수가 있지? 내가 자기들에게 어떻게 했는데! 내가 잘 나갈 때는 목사님, 목사님 하면서 따르더니, 이제 옥에 갇히니까, 바로 손절이야?'

분노가 올라온다. 하나님을 비롯해 사람들, 환경, 별별 사소한 것 하나까지 다 원망스럽다. 그리고 시간이 더 흐르면 이제 분노는 낙심이 된다. 화낼 에너지조차 없다. 마음은 잿빛 우울함으로 가득하고 삶은 무기력해진다. 아무것도 하기 싫다. 이것이 고통이 장기간 계속될 때 나타나는 현상이다.

바울의 상황이 정확히 그랬다. 우울하고 낙심되고 무기력해질 만한 상황이었다. 그런데 바울은 이런 상황 속에서 전혀 다른 반응을 보인다. 극심한 어려움 속에서도 빌립보 교인들에게 기쁨과 감사의 편지를 전한 것이다. 보통의 사람들과는 전혀 다른 반응이다.

나는 이것이 예수께서 주시는 기쁨의 본질이라고 믿는다. 예수께서 주시는 기쁨은 상황과 상관이 없는 기쁨이다. 낙심과 무기력을 파쇄하는 기쁨이며, 사람들의 상식을 뒤엎는 기쁨이다. 그래서 항상 기뻐하라고 하셨다. 예수께서 우리의 상황을 모르지 않으신다. 그럼에도 불구하고 항상 기뻐하라 하셨다.

2020년부터 시작된 코로나 팬데믹은 우리의 예상을 뛰어넘어 훨씬 긴 기간 동안 우리를 괴롭게 했다. 단순히 질병에 대한 염려를 넘어 당연한 권리라고 생각했던 자유가 통제되었고, 상식이라 생각했던 것들이 무너지는 고통스러운 시간을 지나고 있다.

또 지난 세월호 사건이나 이태원 사건과 같이 우리가 생각지도 못했던 참담한 사건들도 일어난다. 이런 사건들을 마주할 때 우리의 내면은 알게 모르게 쌓여온 분노와 원망으로 날카로워지고 낙심과 우울함으로 무기력해진다. 이렇게 우리 사회는 집단 우울증에 빠져가고 있는 것 같다.

(2) 복음의 시대정신

과연 이런 상황 속에서 복음이란 무엇일까? 이런 상황 속에서 복음은 어떤 모습으로 나타나고 역사하는 것일까?

복음에는 '시대정신'이 있다. 불의한 시대의 복음은 히틀러에게 저항했던 본회퍼(Bonhoeffer) 목사님의 삶처럼 저항으로 나타나고, 망가진 시대의 복음은 치유로 나타난다. 무너진 시대의 복음은 회복으로 나타나고, 어두운 시대의 복음은 소망으로 나타난다. 분열 속에서 복음은 연합으로 나타나고, 원망 속에서 복음은 용서로, 경쟁 속에서 복음은 희생으로 표현된다. 시대마다, 상황마다 복음이 나타나고 역사하는 모습이 있다. 복음의 본질은 동일하지만, 각 시대와 상황마다 복음은 그 시대의 어둠을 밝히는 빛으로, 그 시대가 풀어야 할 과제를 돌파하는 시대정신으로 역사한다.

그렇다면 우리가 살아가는 이 시대에 복음은 어떤 모습으로 역사하고 나타날까? 우리 시대 복음의 시대정신은 무엇일까? 나는 그것이 '기쁨'이라고 믿는다. 기뻐할 수 없는 상황, 낙심과 절망, 우울의 시대 속에서 복음은 이야기한다. "항상 기뻐하라!"고 말이다.

곧 끝날 줄 알았던 구금 기간이 1년, 2년 계속되고, 언제 출옥할지 기약할 수 없는 상황 속에 있던 바울에게 성령께서 기쁨을 전하라고 하셨듯이, 언제 끝날지 모르는 팬데믹의 상황과 동의할 수 없는 사회변화 속에서, 시대를 뒤덮는 낙심과 우울, 스트레스와 분노 한가운데서, 또한 개인적으로 오랜 기간 해결되지 않는, 아니 해결될 기미조차 보이지 않는 문제 앞에서 성령께서는 교회와 우리에게 기쁨을 전하라고 명령하신다.

교회는 기쁨을 전하는 곳이 되어야 한다. 교회는 상황을 뒤엎는 기쁨의 근원지가 되어야 하며, 상식을 깨는 기쁨의 원천지가 되어야 한다. 교회가 먼저 그 기쁨을 누림으로써 말이다!

세상을 향해 단순히 "기뻐하라!"고 외치는 것이 아니라 먼저 기쁨을 누림으로써 기뻐할 수 없는 상황 속에서 기뻐하고, 평안할 수 없는 상황 속에서 평안을 누리는 것이다! 감사할 수 없는 상황 속에서 감사하고, 요동치는 폭풍 속에서 고요한 평화를 누리는 것이야말로 이 시대를 향한 가장 강력한 편지이며 메시지다.

그럴 때 우리가 누리는 기쁨은 세상의 빛이며 소망이 된다. '아! 기뻐할 수 있구나!', '아, 저런 상황 속에서도 평안할 수 있구나!' 세상이 보고 싶어 하고, 누리고 싶어 하는 것이 바로 이런 기쁨이 아닐까? 당신 안에도 이런 기쁨이 충만하기를 기도한다.

3. 성령, 기쁨의 비결

그렇다면 어떻게 이 기쁨을 누릴 수 있을까? 어떻게 하면 감옥에서도 세상을 향해 기쁨의 편지를 보낼 수 있을까? 어떻게 하면 끝이 보이지 않는 절망의 터널 속에서도 기쁨을 놓치지 않을 수 있을까? 결론부터 말하자면, 성경은 기쁨을 누리기 위해서 첫째, 자신을 비우고, 둘째, 성령으로 채워져야 한다고 이야기한다.

(1) 기쁨은 성령이 준 선물이다

기쁨은 성령께서 주시는 내적인 열매다.

[사 61:1-3] 주 여호와의 영이 내게 내리셨으니 이는 여호와께서 내게 기름을 부으사 가난한 자에게 아름다운 소식을 전하게 하려 하심이라 나를 보내사 마음이 상한 자를 고치며 포로된 자에게 자유를, 갇힌 자에게 놓임을 선포하며 여호와의 은혜의 해와 우리 하나님의 보복의 날을 선포하여 모든 슬픈 자를 위로하되 무릇 시온에서 슬퍼하는 자에게 화관을 주어 그 재를 대신하며 기쁨의 기름으로 그 슬픔을 대신하며 찬송의 옷으로 그 근심을 대신하시고 그들이 의의 나무 곧 여호와께서 심으신 그 영광을 나타낼 자라 일컬음을 받게 하려 하심이라

성령께서는 모든 슬픈 자를 위로하되 슬퍼하는 자에게 화관을 주어 재 대신 기쁨의 기름으로 그 슬픔을 대신하게 하시고, 찬송의 옷으로 그 근심을 대신하게 하신다. 마음이 상한 자를 고치며, 포로 된 자에게 자유를, 갇힌 자에게 놓임을 주신다. 우리의 슬픔과 낙심과 억압을 기쁨과 소망과 자유로 바꾸신다. 주 여호와의 영이 임할 때 그것이 가능하다(사 61:1)!

우리의 슬픔과 근심이 기쁨과 찬송으로 바뀌는 것은 '주 여호와의 영, 성령께서 임하실 때'이다. 주 여호와의 영이 임하실 때, 우리는 가난한 자에게 아름다운 소식을 전하게 된다. 슬픔 대신 기쁨의 소식을 전하고, 근심 대신 소망의 소식을 전하

며, 낙심 대신 평강의 소식을 전하게 된다. 이것이 성령께서 하시는 일이다. 기쁨은 성령께서 주시는 내적인 결과다. 성경은 여러 곳에서 이것을 이야기한다.

[눅 10:21] 그 때에 예수께서 성령으로 기뻐하시며 이르시되…

[살전 1:6] 또 너희는 많은 환난 가운데서 성령의 기쁨으로 말씀을 받아 우리와 주를 본받은 자가 되었으니

[갈 5:22] 오직 성령의 열매는 사랑과 희락과 화평과 오래 참음과 자비와 양선과 충성과

예수께서도 성령으로 기뻐하셨고, 바울도 성령으로 인해 기뻐했다. 갈라디아서는 희락(기쁨)이 성령의 열매라고 이야기한다. 상황과 관계없이 기쁨을 누리는 것은 우리 안에 성령께서 역사하시는 결과이다.

(2) 차가 찌그러지면 기쁨은 사라진다

사람들은 기쁨이 내면에서 만들어지는 것이 아니라, 외부에서부터 온다고 믿는다. 밖에서 발생하는 어떤 일이 나에게 기쁨을 준다고 생각하는 것이다. 돈을 많이 벌면 기쁘고, 갖고 싶

던 차를 구입하면 기쁘고, 사람들의 인정과 칭찬을 받으면 기뻐진다고 믿는다. 물론 그럴 수 있다. 그런데 그 기쁨은 '항상'이 아니다. 잠시 기쁠 뿐이다.

나는 고등학생 때, 서울대학교만 가면 기쁠 것이라 믿었다. 그리고 서울대학교에 합격했을 때 정말 기뻤다. 그런데 문제는 그 기쁨이 6개월을 가지 못하더라는 것이다. 6개월이 지났을 때, 나는 내 인생 중 가장 혼란스럽고 고통스러운 시간을 보내고 있었다.

그렇다. 세상이 주는 기쁨의 문제는 항상이 아니라는 것이다. 항상이 아니라 잠깐이다. 외부로부터 오는 기쁨은 잠깐이다. 그 잠깐이 지나고 나면, 우리 마음과 생각은 다시 낙심과 우울로 점철된다.

그래서 성경은 기쁨을 항상 유지하기 위해서 "기도하라"고 권면한다. 성령 충만을 구하라는 것이다. 왜냐하면 우리의 마음과 생각을 슬픔과 염려로부터 지키시는 분이 성령님이시기 때문이다.

[빌 4:6-7] 아무것도 염려하지 말고 다만 모든 일에 기도와 간구로, 너희 구할 것을 감사함으로 하나님께 아뢰라 그리하면 모든 지각에 뛰어난 하나님의 평강이 그리스도 예수 안에서 너희 마음과 생각을 지키시리라

기도할 때 성령께서 우리 마음과 생각을 지키신다! 염려와 슬픔, 낙심과 우울 그리고 절망으로부터 말이다. 이 보호하심이 없이는 우리는 절대 근심과 염려, 불안과 낙심이라는 슬픔의 저주로부터 벗어날 수 없다.

기쁨은 외부로부터 오는 것이 아니다. 외부상황은 우리에게 근심과 슬픔을 줄 뿐이다. 성령께서 이 근심과 슬픔으로부터 우리 마음과 생각을 지켜주실 때만 우리 마음이 기쁨을 누릴 수 있다.

세상이 기쁨을 주지 못하는 것은 우리가 타락한 세상에서 살고 있기 때문이다. 그렇기에 세상 곧 나를 둘러싼 외부환경을 바라보아서는 기쁨을 누릴 수 없다. 내가 바라보고 있는 타락한 세상의 끝은 죽음이기 때문이다.

타락한 세상의 본질은 어둠이다. 하나님을 떠난 세상의 본질은 절망이며, 생명을 저버린 세상의 본질은 죽음이다. 물론 잠깐 맛보기로 보여주는 기쁨이 있을 수는 있다. 그러나 그것은 마약과도 같다. 잠깐 슬픔을 잊고 기쁨을 맛본다. 그러나 약발이 떨어지면 다시 고통과 절망이 휘몰아친다. 새 차를 사면 기쁨을 맛볼 수 있다. 차가 찌그러지기 전까지 말이다!

이래서는 제대로 된 기쁨을 누릴 수 없다. 정말 기쁨을 누리기 원하는가? 그렇다면 기도하라. 성령께서 당신의 마음과 생각을 지키시도록 기도하라. 당신의 마음과 생각이 타락한 세상의 절망과 고통에 휩쓸리지 않도록 기도하라. 찌그러진 차 때문에 절망하지 않도록 말이다.

(3) 가짜 기쁨 대신 진짜 기쁨을 보라

성령께서 우리 안에 역사하시면 이전과는 다른 변화가 일어나기 시작한다. 그것은 우리가 이전과는 다른 곳을 보기 시작하기 때문이다. 성경은 이렇게 이야기한다.

> [엡 1:17-19] 우리 주 예수 그리스도의 하나님, 영광의 아버지께서 지혜와 계시의 영을 너희에게 주사 하나님을 알게 하시고 너희 마음의 눈을 밝히사 그의 부르심의 소망이 무엇이며 성도 안에서 그 기업의 영광의 풍성함이 무엇이며 그의 힘의 위력으로 역사하심을 따라 믿는 우리에게 베푸신 능력의 지극히 크심이 어떠한 것을 너희로 알게 하시기를 구하노라

성령은 지혜와 계시의 영이다. '지혜의 영'이시기에 이전에는 깨닫지 못했던 진리를 깨닫게 하시고, '계시의 영'이시기에 이전에 보지 못하던 것을 보게 하신다.

지혜와 계시의 영이 우리 안에 역사하실 때, 우리는 진리를 깨닫게 된다. 하나님이 모든 것을 다스리신다는 진리! 하나님이 우리를 사랑하신다는 진리! 하나님이 우리를 보호하고 계

신다는 진리! 하나님이 우리에게 모든 복을 주신다는 진리! 이런 진리를 깨닫게 된다.

또한 계시의 영이 역사하실 때, 우리는 육안으로 보는 것과는 다른 것을 보기 시작한다. 부르심의 '소망'이 무엇인지, 성도가 누리게 될 기업의 '영광'이 얼마나 풍성한지, 우리에게 베푸신 '능력'이 얼마나 크고 위대한지 보기 시작한다.

성령께서 역사하시면 우리 마음의 눈, 영의 눈이 밝아져서 이 땅에 썩어 없어질 것들이 아니라 하늘의 영원한 영광과 사라지지 않는 소망을 보기 시작한다. 그때 우리 마음은 비로소 육체의 눈으로 보던 낙심과 실망과 슬픔과 분노의 저주에서 벗어나 기쁨의 축복 가운데로 들어가게 된다.

"진리를 알지니 진리가 너희를 자유롭게 하리라!" 할렐루야! 지혜와 계시의 영이신 성령께서 우리 마음의 눈을 밝혀 진리를 보게 하실 때, 우리 영의 눈을 밝혀 영원한 것을 보게 하실 때, 우리는 비로소 참된 기쁨을 누리게 된다.

세상만 바라보던 우리 시선이 전혀 다른 차원의 것을 보게 되는 것! 이것이 진짜 기쁨의 근원이다. 바울을 죽음 앞에서도 기쁘게 했던 그 기쁨! 온갖 고난과 핍박 속에서도 감사하게 했던 그 능력! 그것은 성령께서 바울의 눈을 밝히사 다른 것을 보게 하셨기 때문이다.

성령 충만함을 위해 기도하라. 지혜와 계시의 영이 당신의 마음의 눈을 밝혀, 이 땅에서부터 눈을 들어 다른 것을 보게 해달라고 기도하라. 그때 우리 마음이 기쁨으로 가득할 것이며, 이 기쁨은 빼앗기지 않는 영원한 기쁨이 될 것이다.

4. 자신을 비우라

그러기 위해서는 자신을 비워야 한다. 왜냐하면 기쁨의 비결은 성령께서 우리 안에서 역사하시는 것인데, 성령의 역사하심을 위해서는 먼저 나를 비워야 하기 때문이다. 빌립보서에서도 이렇게 이야기한다. 이 책 전체의 주제이기도 한, 예수께서 자신을 비우셨듯이, 너희도 그렇게 하라는 것이다.

[빌 2:5-8] 너희 안에 이 마음을 품으라 곧 그리스도 예수의 마음이니 그는 근본 하나님의 본체시나 하나님과 동등됨을 취할 것으로 여기지 아니하시고 오히려 자기를 비워 종의 형체를 가지사 사람들과 같이 되셨고 사람의 모양으로 나타나사 자기를 낮추시고 죽기까지 복종하셨으니 곧 십자가에 죽으심이라

예수께서는 하나님의 본체셨다. 그런데 하나님과 동등됨을 취할 것으로 여기지 않으시고, 오히려 자기를 비워 종의 형체가 되셨다. 이 비움! 자신을 비운 그 빈자리에 성령께서 임하

서서 역사하셨다.

우리가 성령의 역사를 누리지 못하는 것은 내 안에 성령께서 일하실 '공간'이 없기 때문이다. 내 생각과 내 계획이 가득하고, 내 원함과 내 고집이 가득하고, 내 의지와 자존심이 가득하다. 그러니 어떻게 성령께서 일하실 수 있겠는가!

성령께서 일하시기 위해서는 한 가지 조건이 필요한데, 바로 공간을 마련하는 것이다. 내 안을 가득 채우고 있는 '내 것'을 비움으로써 성령께서 일하실 공간을 마련해야 한다. 나의 생각, 나의 계획, 나의 자존심, 나의 의지를 하나님 앞에 내려놓으라. 이것이 예수께서 보여주셨던 '비움'이다.

[빌 2:7] 오히려 자기를 비워 종의 형체를 가지사 사람들과 같이 되셨고

이 비움을 헬라어로 '케노시스'(χενοσις)라 부르는데, 성령께서 예수 안에 충만하게 역사하실 수 있었던 비결이 바로 이 케노시스였다. 우리말로는 '자기비움', '자기비하' 등으로 번역되기도 하고, 때로는 '내려놓음'이라고 부르기도 하는데, 그 의미는 하나님 앞에서 '나', '자아'를 내려놓는 것이다. 내 생각과 내 계획, 나의 자존심과 의지까지 모두 내려놓는 것이다.

기쁨을 원하는가? 그렇다면 기쁨을 채우기 위한 자리, 그

공간을 만들어라. 하나님께서는 우리 안에 기쁨과 생명을 가득 채우기를 원하신다. 그러나 내 안에 그 기쁨을 받아낼 만한 공간이 없다면, 하나님께서 아무리 부으셔도, 그 기쁨이 자리할 곳은 없을 것이다.

자아가 나의 내면을 가득 채우고 있을 때, 우리는 하나님께서 주시는 것을 받아낼 수 없다. 그저 타락한 자아로 인한 고통과 슬픔, 원망과 낙심만 가득할 뿐이다. 그러나 우리가 자기를 비워 빈 공간을 만들 때, 그리고 그곳에 성령님을 모셔들여 채울 때, 이 세상에서 누릴 수 없고 맛볼 수 없는 기쁨을 누리게 될 것이다. 그 기쁨은 하늘로부터 오는 영원한 기쁨이다.

하늘로부터 오는 기쁨, 성령께서 주시는 평강, 어떤 상황 속에서도 흘러넘치는 감사가 당신의 마음과 생각을 가득 채우게 되기를 축복한다! 그럴 때 우리가 누리는 이 기쁨과 감사가 이 시대의 어둠을 밝히는 소망의 빛이 될 것이다.

chapter 02

복음에 합당한 삶인가?

[빌 1:27] 오직 너희는 그리스도의 복음에 합당하게 생활하라

[빌 2:1-4] 그러므로 그리스도 안에 무슨 권면이나 사랑의 무슨 위로나 성령의 무슨 교제나 긍휼이나 자비가 있거든 마음을 같이하여 같은 사랑을 가지고 뜻을 합하며 한마음을 품어 아무 일에든지 다툼이나 허영으로 하지 말고 오직 겸손한 마음으로 각각 자기보다 남을 낫게 여기고 각각 자기 일을 돌볼뿐더러 또한 각각 다른 사람들의 일을 돌보아 나의 기쁨을 충만하게 하라

두려움이나 염려의 원인이 되는 것 중 하나는 '합당하지 않은 행동이나 선택'이다. 초등학교 1학년 때 친구의 지우개를 몰래 훔친 적이 있었다. 당시에는 보기 드물게 보암직도 하고 탐스럽기도 한 지우개여서 그만 유혹을 참지 못하고 친구의 지우개를 몰래 집으로 가져왔다. 그리고 염려가 시작되었다. '엄마가 이 지우개가 어디서 났냐고 물으면 뭐라고 하지?' 나는 지우개를 몰래 장롱 위에 숨겼다. 결국 지우개는 장롱 위에 몇 달간 있다가 어디론가 사라졌다. 그런데 그 기간 내내 나는

두려움과 염려에 시달려야 했다. 거의 50년이 지난 지금까지도 나는 그때의 불안과 두려움을 기억하고 있다.

합당하지 못한 행동이 나의 평안과 기쁨을 앗아간 것이다. 자신의 내면을 들여다보라. 염려의 뿌리에 무엇이 있는가? 두려움의 시작이 무엇인가? 합당하지 못한 행동 또는 선택이 있지 않은가?

기쁨과 생명을 누리는 삶에는 방식이 있다. 바로 "복음에 합당하게 행하는 것"이다. 여기서 벗어나 합당하지 못한 삶의 방식으로 살아갈 때, 기쁨은 사라지고 염려와 두려움이 그 자리를 대신하게 된다.

당신은 복음에 합당하게 살고 있는가? 빌립보서 2장 1절에서 바울은 기쁨을 가져오는 삶의 방식으로 복음에 합당하게 행하는 것이 무엇인지 설명한다. 결론부터 이야기하면, 그것은 "사랑 안에 함께 살아가는 것"이다. 복음에 합당한 삶이란 '관계' 속에서 정의된다. 그런 의미에서 이것은 성도들이 교회[1]에서 행해야 하는 구체적인 덕목이라 할 수 있다.

복음에 합당한 삶, 관계 속에 행해야 할 것은 크게 네 가지로 요약된다. 첫째, 그리스도 안에서 서로 권면하는 것이고,

---

1 '교회'란 조직이나 건물이 아닌 '사람들'을 의미한다. 그리스도 안에서 의미 있는 관계를 누리고 있는 사람들이 바로 교회다. 그렇기 때문에 '교회'란 흔히 사용하는 '소그룹'이라는 용어에 더 가깝다 할 수 있겠다.

둘째, 사랑으로 위로하는 것이며, 셋째, 성도들과 성령 안에서 교제하는 것이고, 넷째, 긍휼과 자비를 베푸는 것이다.

[빌 2:1] 그러므로 그리스도 안에 무슨 권면이나 사랑의 무슨 위로나 성령의 무슨 교제나 긍휼이나 자비가 있거든

성도가 마땅히 행해야 할 이 네 가지 덕목을 행한다면, 당신의 삶에는 기쁨이 흐를 것이다. 그러나 마땅히 행해야 할 바를 행하지 않고 있다면, 즉 영적인 관계에서 떨어져 혼자 고립되어 있다면, 아마도 당신의 삶에는 기쁨이 찾아오지 않을 것이다.

이 네 가지는 성도가 마땅히 행해야 할 일인데, 특별히 교회생활에서 그렇다. 그런 의미에서 본다면 빌립보서 2장 1절은 교회생활 지침서, 소그룹생활 지침서라 할 수 있다. 지금까지 교회를 다니면서 또 소그룹에서 행했던 일들과 이 말씀을 비교해보라. 일치하는가? 그렇다면 당신은 복음에 합당하게 살고 있는 것이다. 그러나 다르다면 뭔가 합당하지 못하게 살고 있다는 의미다. 우리의 삶을 하나씩 점검해보자. 성경은 삶의 영원한 기준이니까!

1. 그리스도 안에서의 권면

첫째, 성경은 그리스도 안에서 권면하라고 도전한다. '권면'의 원어는 '파라클레시스'로 "충고하다", "애원하다"라는 뜻이다. 다시 말해 서로에게 필요한 이야기를 해주라는 것이다. 교회, 특히 소그룹은 '좋은 말'만 해주는 곳이 아니다. 교회는 그리스도 안에서 서로 도전하고 권면하는 곳이다. 그런데 이것이 생각보다 쉽지 않다. 어렸을 때라면 모를까, 나이가 든 어른에게 도전하고 충고한다고? 정말 쉽지 않다.

(1) 권면이 성도를 불편하게 한다?

"말투가 굉장히 부정적이시네요. 그렇게 부정적으로 이야기하면, 옆에 사람들이 점점 줄어들 겁니다", "조금도 손해보지 않으려고 하시네요. 다른 사람에 대한 배려가 더 필요하신 것 같아요", "되게 방어적이시네요. 형제님과는 대화를 나누기가 부담스럽습니다", "자기의가 강하시네요." 좀 더 직접적으로는 "교만하시네요", "스스로 믿음이 좋다고 생각하시지만, 인격적으로는 미성숙하시네요."

　혹시 이런 말들을 들어보았는가? 아마 들었다면 얼굴이 벌게지거나, 마음이 상해서 다시는 그 말을 한 사람과 상종하지 않으려고 할 것이다. 화를 내고 그 자리를 박차고 나갈 수도 있다. 물론 그 말을 한 사람이 무례한 것일 수도 있다. 하지만 그보다는 듣는 사람의 문제인 경우가 더 많다. 그리고 "교회가 무례하다", "나를 무시한다", "상처를 받았다" 이렇게 화를 낸다. 더욱이 요즘 인권에 대한 개념이 이상한 방향으로 발전하면서 마치 "듣고 싶지 않은 말을 듣지 않을 권리"가 인권인 것처럼 주장한다.

(2) 듣기 싫은 말을 듣지 않는 것이 축복이다?

내가 아는 한 미국 교회는 제자훈련을 아주 잘하는 곳이다. 제자훈련의 본질 중 하나는 듣기 좋은 말만이 아니라, '필요한 말'을 해주는 것이다. 죄로 인해 비뚤어진 삶을 권면하여 복음에 합당하게 살아가도록 도와주는 것이 제자훈련이다.

그런 의미에서 복음은 죄에 대한 도전이다. 복음은 그 본질상, 죄로 타락한 우리의 삶을 꾸짖고 도전한다. 그러다보니, 앞서 이야기했듯이 얼굴이 벌게져서 교회를 떠나는 사람들이 나오게 된다.

그런데 요즘은 이것이 '인권'이라는 새로운 옷을 입고 등장한다. 이렇게 교회를 떠난 사람들이 듣기 싫은 말을 듣지 않을 권리를 침해당했다고 교회를 공격하는 것이다. 나는 미국 교회 또한 인권의 이름으로 큰 어려움을 겪는 것을 보았다.

물론 말하는 사람도 무례한 태도는 피해야 한다. 그러나 과연 듣기 싫은 말을 듣지 않는 것이 인권일까? 성경은 인간이 죄인이라고 하는데, 죄인에게 듣기 좋은 말이란 '죄를 칭찬해주는 말'밖에는 없지 않은가. 그 끝은 결국 삶이 파괴되는 것이다.

인간은 '듣기 싫은 말도 들어야 한다. 그렇지 않으면 죄의길을 계속 가다가 결국은 멸망에 이를 것이기 때문이다. 그런데 현대 사회는 이 성경의 가르침을 정면으로 거스른다. "나는내가 듣기 싫은 소리를 듣지 않을 권리가 있어. 내가 듣기 좋은 말만 해!" 그리고 이것을 인권이라는 이름으로 포장한다.

그리스도 안에서의 권면이라는 성경의 복된 지혜는, 듣는사람이 '들을 준비'가 되어 있지 않으면 누릴 수 없는 복이다.당신에게는 '듣는 지혜'가 있는가? 그렇다면 당신의 인생은 복될 것이다. 그러나 듣는 지혜가 없다면, 당신의 인생은 브레이크 없이 내리막길을 내달리다가 곤두박질치는 수레처럼 파괴적일 것이다. 아무도 당신에게 멈춰야 한다고 말해주지 않을테니까 말이다. 듣고 싶은 말만 듣는 권리는 축복이 아니라저주다.

(3) 나를 변화시킨 건 권면이었다

방황하던 청년의 때에 나를 구원해준 말은 "너 그렇게 살면 큰일나!"라는 선배의 권면이었고, 내적 확신에 의해서만 움직이던 나를 변화시킨 것도 "다른 사람들 말도 좀 들어!"라는 소그룹에서의 권면이었다. 늘 안 되는 것부터 먼저 생각하던 나를 변화시킨 것도 "너는 늘 말이 부정적이야. 그게 다른 사람을 낙심하게 만드는 거 알아?"라는 진심 어린 충고의 말이었고, 미숙하게 옳고 그름을 따지기에만 급급하던 나를 변화시킨 것도 "상대방의 감정에 대해서는 생각해봤어?"라는 소그룹 리더의 사랑의 권면이었다.

미숙하고, 부족하고, 형편없던 나를 그나마 여기까지 변화시킨 것은 모두 '권면의 기적'이었다. 권면이 없었다면 지금의 내 삶은 정말 비참했을 것이다. 여전히 부정적인 생각과 말을 퍼뜨려 사람들을 낙심시키고, 여전히 내 고집대로 결정하고 행동하여 곁에 사람들이 없었을 것이다. 목사로서, 남편으로서, 그리고 아버지로서도 내 인생은 실패, 대실패였을 것이다. 그나마 오늘의 나를 있게 한 것은 나를 사랑으로 품어주었던 주변 형제들의 애정 어린 '그리스도 안에서의 권면'이었다.

듣고 싶은 말만 들을 권리가 있다고? 글쎄. 그것이 개인의 권리일지는 모르겠지만, 그 인생은 정말 비참할 것이다. 복음은 죄를 꾸짖는 권면이기 때문이다.

2. 교회는 항상 내 편이다

둘째, 성경은 사랑으로 위로하라고 이야기한다. 교회가 오직 권면만 하는 곳은 아니다. 권면이 감사하기는 하지만, 권면만 난무하는 교회라면 마음이 쉽지는 않을 것이다. 그 권면을 소화하기 위해서 늘 고민하고 심각한 얼굴로 다녀야 할 테니까 말이다. 교회는 권면과 동시에 '그리스도의 사랑으로 위로'하는 곳이다.

내가 소그룹 모임을 사랑했던 이유는, 그곳에 가면 늘 위로가 있었기 때문이다. 다른 건 몰라도 형제들은 늘 한결같이 '내 편'이었다! 교수가 힘들게 할 때, 소그룹 모임에 가면 "아, 그 교수는 왜 그렇게 유별나냐?"라며 내 편이 되어주었다! 병원에서 건강에 이상이 생겼다고 할 때도 소그룹에 가면 늘 자기 일처럼 걱정해주고 기도해주었다. 지금도 목사들이 정기적으로 모이는 일종의 '목회자 셀 모임'이 있다. 아무리 바쁜 목사님들이라도 이 모임에는 만사 제쳐두고 오신다. 왜냐고? 적어도 그곳에 있는 형제들은 한결같이 '내 편'이기 때문이다!

그렇다. 내가 교회를 배운 것은 이론이나 신학을 통해서가 아니었다. 늘 위로해주는 형제들을 통해서였다! 그전에도 교회는 이런 곳이라는 성경적 지식은 있었다. 하지만 그것은 '경험되어지지 않은 지식'에 불과했다. 형제의 위로를 경험할 때, 그 지식이 비로소 내 안에 '흔들리지 않는 진리'가 되었다!

당신은 어떤가? 당신에게 교회는 어떤 곳인가? 이론적인 지식 말고, 당신이 경험한 교회는 어떤 곳인가? 사랑의 위로를 경험할 때, 우리는 비로소 교회가 어떤 곳인지 알게 된다. 서로 위로하라. 서로 사랑하라. 그럴 때 교회의 위대한 진리가 이 땅에, 그리고 우리 안에 계시될 것이다.

[요 13:34-35] 새 계명을 너희에게 주노니 서로 사랑하라 내가 너희를 사랑한 것 같이 너희도 서로 사랑하라 너희가 서로 사랑하면 이로써 모든 사람이 너희가 내 제자인 줄 알리라

3. 성령의 교제

셋째, 성령의 교제이다. 교회는 '관계'가 만들어지는 곳이다. 그리스도 안에서 서로 권면하고 사랑으로 위로할 때, 세상과는 다른 관계가 형성된다. 이것을 성경은 성령의 교제, 성령의 코이노니아라고 부른다.

(1) 영적인 가족

교회는 영적인 가족이다. 성령의 교제는 우리를 하나의 가족으로 묶어준다. 가족은 사랑과 신뢰로 하나로 묶인 유닛 (unit)을 의미한다. 육신의 가족뿐 아니라, 복음 안에서 성령의 교제를 누리는 공동체도 하나님 앞에서 하나로 묶인 유닛이다.

'하나로 묶인 유닛'이란, 하나님 앞에서 '하나'로 취급되는 단위를 말한다. 육신의 가족이 꼭 '영적인 가족'은 아닐 수 있다. 성령 안에서 하나로 연결되어 있지 않다면 육신으로는 가족이라 할지라도, 영적으로 하나의 유닛은 아니다. 하나님께서는 영적인 가족을 하나의 단위로 여기신다. 물론 구원은 개인적인 것이고, 믿음도 개인적인 것이지만, 하나님 앞에서의 상급과 심판은 다분히 공동체적인 면이 있다.

이스라엘의 타락에 대해 하나님은 공동체적으로 심판하셨고, 다윗의 충성으로 인해 이스라엘 전체를 축복하셨다. 이는 우리에게 '형제에 대한 책임'이 있기 때문이다. 형제가 망해가는데, 나만 하나님 앞에서 믿음을 지켰다고 상급받고 칭찬받을 수는 없지 않은가! 하나님 앞에서의 상급과 심판은 다분히 공동체적이다. 그리고 그것을 결정하는 유닛이 바로 영적인 가족이다.

(2) 인생은 혼자 만들어지지 않는다

그런 의미에서 교회는 영적인 가족이며 운명공동체이다. 하나님께서 가지고 계신 데스티니(destiny)를 함께 이루어가는 데스티니 공동체다. 인생은 혼자 만들어지지 않는다. 하나님은 우리 인생을 혼자서 열심히 살고, 혼자서 하나님을 잘 믿으면 하나님이 계획하신 복된 인생을 살 수 있도록, 그렇게 창조하지 않으셨다.

반드시 그 인생을 하나님의 계획대로 이루어가게 해주는 '사람들'이 있다. 삶을 이끌어주는 멘토가 있고, 인생의 고된 길을 함께 가주는 친구가 있고, 나를 따라오는 영적인 자녀들이 있다. 이것이 하나도 없다면, 그것은 인생이 아니다. 우리를 향한 하나님의 데스티니는 이 사람들과 함께 이루어가도록 디자인되어 있다.

당신은 어떤가? 영적인 가족이 있는가? 멘토 혹은 영적인 아버지가 있는가? 나를 이끌어주고, 잘못된 것을 훈계해주고, 마땅히 살아야 할 바를 보여주는 영적인 아버지가 있는가?

성령의 교제 안에서 자라지 않은 사람의 공통적인 특징은 영적 아버지가 없다는 것이다. "내 멘토는 ○○목사님이야"라고 말하는 이들 중에 그 목사님을 한 번도 만나보지 못한 사람도 허다하다. 유튜브 멘토 말고 진짜 영적인 멘토 혹은 영적인 아버지는 '성령 안에서의 교제'를 기초로 한다. 스승은 아무나 될 수 있다. 그러나 영적 아버지는 성령 안에서의 실제적인 교제를 기초로 하지 않고는 불가능하다.

책이나 인터넷으로 접하는 '영적 스승들'은 모두 좋은 분들이다. 그러나 그분들이 당신을 위해 기도하지는 않지 않는가? 그분들이 당신에게 '싫은 소리'를 하지는 않는다. 도전과 권면, 죄에 대한 구체적인 싫은 소리 없이 과연 우리가 영적으로 성숙해갈 수 있을까? 나는 불가능하다고 생각한다. 적어도 내 경우에는 구체적인 싫은 소리들을 통해 인격이 다듬어졌고, 구체적인 훈계를 통해 영적으로 성장할 수 있었다. 영적 아버지가 없는 신앙은 추상적이고 이론적이다.

> [고전 4:15] 그리스도 안에서 일만 스승이 있으되 아버지는 많지 아니하니 그리스도 예수 안에서 내가 복음으로써 너희를 낳았음이라

그리스도 안에서 일만 스승이 있다. 그러나 아버지는 많지 않다. 복음으로 나를 '낳은 사람', 산고의 고통, 권면의 위험을 감내하면서 나를 여기 있게 해준 사람은 많지 않다는 것이다. 성령 안에서의 실제적인 교제가 없는 아버지는 존재할 수 없다.

당신이 교회에서 '권면'을 받아본 적이 별로 없다면, 그것은 영적 아버지가 없기 때문일 가능성이 크다. 충분한 신뢰 관계가 있지 않은 사람에게는 함부로 권면하지 않는다. 권면해도 받아들이지 않을 것이기 때문이다. '자기가 뭔데, 나에게 그런 말을 해?'라며 관계만 망가질 뿐이다. 격려하고 위로하기는 하지만, 거기까지다.

그러나 성령 안에서 가족 된 사람, 내가 정말 영적인 자녀라

고 믿는 사람에게는 듣기 싫은 소리도 한다. 어떨 때는 큰소리로 야단도 친다. 우리가 하나님 앞에서 한 유닛, 즉 운명공동체라고 믿기에 듣기 싫은 소리도 하는 것이다. 그 형제에 대한 책임을 하나님께서 내게 물으실 터인데, 그냥 좋은 게 좋다고 넘어갈 수는 없지 않은가? 당신에게는 권면해줄 영적 아버지가 있는가? 권면을 듣지 못했다면, 아버지가 없을 가능성이 크다.

불행하게도, 현대 교회는 가족이 아니라 손님들의 모임이 되어버렸다. 아버지가 되려 하지도, 자녀가 되려 하지도 않는다. 그저 깔끔한 관계를 유지하는 좋은 성도로 만족하려 한다. 그런데 교회는 끈적끈적한 곳이지, 깔끔한 곳이 아니다. 현대 교회에는 아버지도 없고, 자녀도 없다. 그 결과, 우리는 혼자서 인생을 살아가는 불쌍하고 외로운 나그네가 되어버렸다.

또 당신에게는 함께 길을 가는 친구, 영적인 동료가 있는가? 영혼의 동반자가 있는가? 힘들 때 내 말을 들어주고, 어려울 때 힘이 되어주는 영혼의 친구가 있는가? 젊어서는 모른다. 그러나 나이가 들어갈수록, 값을 주고도 살 수 없는 것이 '영적인 동반자'임을 깨닫게 된다. 이것만큼 큰 축복은 인생에 없다. 성령 안에서의 교제가 주는 축복이다.

영적인 자녀는 어떤가? 아무도 당신을 따르는 사람이 없다면 당신 인생의 열매는 무엇인가? 당신은 이 땅에서 어떤 영향력을 미치고 있으며, 당신의 삶은 이 땅에 무엇을 남기고 있는가? 달란트 비유가 보여주는 것처럼 하나님은 우리가 이 땅에 뭔가 남기기를 원하신다. 영적인 열매를 남기기 원하신다. 그리고 그 열매는 사람들이다. 영적인 자녀들, 해산의 고통으로 낳은 사람들, 당신에게 이런 사람들이 있는가?

이것이 모두 '가족 – 성령의 교제' 안에서 일어나는 일들이다. 서로 사랑하고 신뢰하는 관계, 한 운명공동체라 믿기에 서로의 인생을 책임지려는 관계, 그 관계 속에서 가족이 만들어진다. 이것이 성경이 이야기하는 교회와 성도의 덕목이다. 성도의 합당한 행함은 교회 속에서, 관계 속에서 이루어진다. 그렇기 때문에 교회가 없는 성도에게는 합당한 삶도 없다.

4. 긍휼과 자비

마지막 성도의 덕목은 긍휼과 자비다. 우리는 서로를 긍휼히 여겨야 하고 자비롭게 대해야 한다. 이것이 영적인 가족됨을 유지하는 비결이다. 육신의 가족도 서로 긍휼히 여기고 자비롭게 대할 때, 가족으로 유지될 수 있다. 젖 달라고 우는 아이를 긍휼히 여기지 않는다면, 부모가 그 힘든 육아를 어떻게 감당할 수 있겠는가? 남편이 아내에게 꿔준 돈 갚으라고 매정하게 대하면, 그것을 가족이라 부를 수 있을까? 가족은 서로에게 자비롭다.

몇 년 전, 우리 아들이 고3이었다. 수험생이 되니 돈 들어갈 곳이 많았다. 내 비상금까지 다 날아갔다. 그렇지만 한 번도 갚으라고 한 적이 없다. 안 갚는다고 괘씸하게 여긴 적도 없다. 사실은 얼마나 줬는지 기억나지도 않는다. 가족이니까! 이처럼 가족을 유지하는 것이 '자비'다.

영적으로도 동일하다. 성령 안에서의 교제를 유지하게 해주는 힘은 서로를 향한 긍휼과 자비다. 교회는 긍휼과 자비가 역사하는 곳이다. 서로 긍휼히 여기고, 서로에게 자비로울 때, 그 공동체는 '성령 안에서 교제'하는 가족이 된다. 그리고 이 영적인 가족이야말로 하나님께서 주시는 최고의 선물이다. 구원은 하나님께서 개인적으로 주시는 선물이다. 그러나 그 구원은 반드시 누군가와 함께할 때만 누릴 수 있다. 그것이 바로 교회다.

결론 : 사랑의 권면을 받으라

바울은 복음에 합당한 삶에 대해 그리스도 안에서 서로 권면하고, 사랑으로 위로하고, 성령 안에서 교제하며, 서로를 긍휼과 자비로 대하라고 이야기한다. 그럴 때 우리는 영적인 가족이 누리는 하늘의 기쁨과 감격을 맛보게 될 것이다. 이 놀라운 복이 당신과 함께하길 축복한다. 교회 안에서, 그리고 그리스도 예수 안에서!

chapter 03

마음의 태도를 점검하라

[빌 2:2-4] 마음을 같이하여 같은 사랑을 가지고 뜻을 합하며 한마음을 품어 아무 일에든지 다툼이나 허영으로 하지 말고 오직 겸손한 마음으로 각각 자기보다 남을 낮게 여기고 각각 자기 일을 돌볼뿐더러 또한 각각 다른 사람들의 일을 돌보아 나의 기쁨을 충만하게 하라

성도가 마땅히 행해야 할 복음에 합당한 행함이 있다면, 그다음으로 살펴보아야 할 것은, 그것을 행하는 '마음의 태도'이다. 2장에서 살펴본 네 가지 성도의 덕목이 겉으로 드러나는 모습들이라면, 이것을 가능하게 하는 마음의 태도가 있다.

　사실 무엇을 행하느냐보다 더 중요한 것은 어떤 마음으로 행하느냐 하는 것이다. 똑같은 일을 해도, 그 일을 행하는 마음에 따라 그 행위의 의미도 결과도 달라진다. 예를 들어 똑같이 집안 청소를 하더라도 아내를 사랑하고 집안을 돌보는 마음으로 청소하는 것과 아내의 잔소리가 귀찮고 듣기 싫어서 '내가 그냥 한다, 해!' 이렇게 하는 것은 다르다. 의미도 다르고 결과도 다르다.

전자의 의미가 '아내 사랑'이라면, 후자는 '복수'에 가깝고, 전자의 결과가 '집안의 화목과 행복'이라면, 후자의 결과는 '일하고도 욕먹는 부부싸움'이 될 것이다. 이렇듯 우리가 크리스천으로서 마땅히 행할 바를 행한다 할지라도 어떤 마음으로 행하느냐가 그 일의 의미와 결과를 결정한다.

이번 장에서는 성경이 이야기하는 다섯 가지 마음의 태도에 대해 살펴보자. 이 마음들이 있을 때 교회는 축복을 누리는 행복의 터전이 되지만, 그렇지 않다면 교회는 세상 모임과 다를 바 없는 갈등의 장소가 될 것이다.

1. 하나됨 : 하나님의 뜻으로 채운 마음

성경이 이야기하는 첫 번째 마음의 태도는 마음을 같이하라는 것이다. 마음이 같다는 것은 소풍을 가도 다 같이 가고 싶은 것이다. 만약 한 사람은 너무 가고 싶은데 다른 사람은 귀찮다면 이것은 마음이 서로 다른 것이다.

[빌 2:2] 마음을 같이하여 같은 사랑을 가지고 뜻을 합하며 한마음을 품어

공동체 안에서 무언가를 행할 때, 그 '무언가'에 대한 마음

이 하나가 되어야 한다. 좋으면 다 같이 좋고, 싫으면 다 같이 싫은 것이다. 이것이 안 되면 참 힘들다. 힘이 안 모아진다. 예를 들어 동네 어르신들을 위한 식사 봉사를 한다고 하자. 성도의 50퍼센트는 너무 하고 싶은데, 나머지 50퍼센트는 그렇게까지 하고 싶지 않다. 이러면 못 한다. 하더라도 말도 많고 탈도 많다. 조금만 어려운 일이 생겨도, "거봐, 하지 말자니까! 그건 왜 해 가지고 이 난리야!"라고 비난한다. 뒷말이 나올 수밖에 없다.

효율적으로 일하는 것보다 중요한 것은 한마음으로 일하는 것이다. 공동체가 무언가를 하기 위한 첫 번째 기초는 '마음을 같이하는 것'이다. 하고 싶어도 다 같이 하고 싶고, 하기 싫어도 다 같이 하기 싫어야 한다.

그러기 위해 필요한 것이 있다. 그것은 하나님께 순종하는 것이다. 하나가 된다는 것은 '예수 그리스도를 중심으로 하나되는 것'을 의미한다. 단순히 사람들끼리 마음이 맞거나, 양보하는 것이 아니라, 각 사람이 하나님 앞에서 자신을 비우고, 하나님의 뜻으로 채워져 하나가 되어가는 것이다.

[빌 2:5] 너희 안에 이 마음을 품으라 곧 그리스도 예수의 마음이
니

이것이 빌립보서 2장 5절부터 바울이 이야기하는 예수 그리스도의 마음이다. 자신을 비우고 십자가에 죽으신 케노시스. 예수께서 자신을 비우고 하나님의 뜻으로 채우셨듯이, 우리도 나의 마음을 비우고, 하나님의 뜻으로 채우는 것이다. 그럴 때 '마음을 같이하여' 움직일 수 있다. 그렇기 때문에 영적으로 성숙하지 못한 공동체는 마음을 같이할 수 없다. 마음이 맞고 사이가 좋은 것처럼 보여도, 그것은 인본주의에 기초한 연합일 뿐, 영적인 하나됨은 아니다. 오래가지 못한다.

2. 사랑 : 본성을 거스르며 포기하지 않는 사랑

성경이 이야기하는 두 번째 마음의 태도는 같은 사랑을 가지라는 것이다. '같은 사랑'이란 무슨 뜻일까? 사랑에도 농도가 있다. 흐릿한 사랑도 있고, 찐한 사랑도 있다. 이 사랑의 농도 역시 기준은 '예수 그리스도'이다. 성경은 이야기한다.

[요 13:34] 새 계명을 너희에게 주노니 서로 사랑하라 내가 너희를 사랑한 것같이 너희도 서로 사랑하라

예수께서 우리를 사랑하셨듯이, 같은 '농도'로 사랑하라는 것이다. 그래서 '같은 사랑'(빌 2:2)이라고 할 때, 이 사랑의 원

어는 '아가페'다. "하나님의 사랑"이라는 뜻이다. 예수님은 당신 자신의 사랑의 농도에 대해 이렇게 말씀하셨다.

[요 13:1] 유월절 전에 예수께서 자기가 세상을 떠나 아버지께로 돌아가실 때가 이른 줄 아시고 세상에 있는 자기 사람들을 사랑하시되 끝까지 사랑하시니라

[요 15:13] 사람이 친구를 위하여 자기 목숨을 버리면 이보다 더 큰 사랑이 없나니

예수님의 사랑의 농도는 '끝까지' 사랑하는 것이며,
친구를 위하여 '목숨을 버리는 것'이다.
사랑에는 한계를 두어서는 안 된다.
적어도 예수께서는 당신의 사랑에 한계를 두지 않으셨다.
여기까지라고 선을 긋지도, 몸을 사리지도 않으셨다.
중간에 포기하지도 않으셨고, 실망하지도 않으셨다.
예수님의 사랑은 '끝까지' 사랑하시는 한계 없는 사랑이다.

복음에 합당한 두 번째 마음이 바로 이 사랑이다. 그리고 이 아가페 사랑은 감정적인 사랑보다는 의지적인 사랑에 가깝다. 친구를 위하여 목숨을 버리는 사랑, 포기하지 않고 한

계를 정하지도 않는 사랑. 이 사랑은 다분히 '의지적'이며, '자기부인'의 사랑이다. 아무리 사랑하는 자녀라도 계속 속썩이고 애먼 짓을 하면 포기하고 싶어지는 것이 인간의 본성이다. 포기하지 않는 사랑이라고? 이것은 결코 자연스러운 사랑이 아니다. 우리의 본성을 거스른다. 그렇기 때문에 자기를 부인하지 않으면 할 수 없는 사랑이다.

이 사랑의 근원 역시 빌립보서 2장 5절부터 이어지는 예수 그리스도의 케노시스, 자신을 비우고 십자가를 지는 것이다. 자신을 비우고 자기를 부인할 때, 그곳에 하나님의 영이신 성령께서 임하여 일하실 수 있기 때문이다.

이 사랑이 우리 마음에 역사할 때, 우리의 행위는 '영적인 것'이 된다. 교회는 '영적인 곳'이 되어야 한다. 그리고 그것이 영적인 행위인지 육적인 행위인지는, 겉으로 드러나는 행동이 아니라, 그 행동을 하는 마음에 의해 결정된다. 우리 마음이 십자가에서 비워지고, 그곳에 하나님이 가득할 때, 우리가 선택하고 행동하는 모든 것이 '영적인 것'이 된다.

이어지는 권면에서 바울은 "뜻을 합하여 한마음을 품으라"(빌 2:2)고 권면한다. 같은 마음과 같은 사랑을 품을 때, 우리는 뜻을 합하여 한마음을 품게 된다. 여기서 '뜻을 합한다'는 말은 원어로 "영으로 결합된다"라는 의미다. 영어 성경에서는 이것을 "one in spirit and purpose"(NIV)라고 번역했다.

즉, 한 영이 되어 한 목적을 위해 나가는 것이다.

내 생각, 내 감정, 내 원함을 모두 십자가에 내려놓고, 하나님 앞에서 나를 부인하고 비울 때, 그곳에 성령께서 임하신다. 성령은 깨끗한 그릇에 임하신다. 성령은 내 생각과 내 감정이 가득한 곳에서는 역사하지 않는다.

3. 화목 : 다툼이나 허영으로 하지 말라

세 번째, 다툼이나 허영으로 하지 말라고 권면한다.

[빌 2:3] 아무 일에든지 다툼이나 허영으로 하지 말고 오직 겸손한 마음으로 각각 자기보다 남을 낮게 여기고

(1) 다툼

'다툼'의 헬라어는 '에리데이아'인데, 이는 "음모, 당쟁, 다툼"을 뜻한다. 이 단어는 성경에 총 7번 사용되었는데, 대부분 "당짓는 것", "편을 가르고, 파벌을 만드는 것"으로 번역되었다. 즉, '다툼으로 한다'는 것은 앞서 말한 마음을 같이하고, 같은 사랑으로 한마음이 되는 것과 정반대되는 것, 즉 "편을 나누는 것"이다.

불행하게도 교회에서, 아니 교회뿐 아니라 사람들이 모인

곳 어디서나 쉽게 '당 짓는 것'을 볼 수 있다. 심지어 초등학교나 유치원에서조차 그렇다. 하나됨이 성령의 역사라면 분열은 마귀의 역사다. 분열이 있는 곳에 성령께서 역사하시는 것을 본 적이 없다. 파(派)가 나뉘고, 분열과 반목이 있으면 성령의 역사가 멈춘다. 성령의 역사가 멈출 때 마귀에게 틈을 준다. 성경은 다툼에 대해 이렇게 이야기한다.

[엡 4:26-27] 분을 내어도 죄를 짓지 말며 해가 지도록 분을 품지 말고 마귀에게 틈을 주지 말라

화가 날 수는 있다. 사람이니까 당연하다. 그런데 그 화를 해가 지도록 품지 말라. 분(忿)을 오래 끌지 말라는 것이다. 분을 오래 끌고 가면 어떻게 될까? 그렇다. 당(黨)을 짓게 된다! 상한 감정은 서로를 멀리하게 하고, 서로 멀리하다보면 자연스럽게 '당'을 짓게 된다. 그렇기에 분을 해결하지 않고 오래 끌고 가는 것이 바로 당을 짓는 시작이다. 그리고 그것은 마귀에게 틈을 준다.

개인적으로 또는 공동체적으로 찾아왔던 위기의 순간들을 되짚어보면, 그 위기가 오기 전에 분열이 있었다는 것을 발견하게 된다. 위기 이전에 갈등이 있고 다툼이 있었다. 머리끄덩이를 잡고 싸우는 것은 아니지만, 불편한 마음, 원망, 섭섭함

등 관계를 불편하게 하는 것들로 묘하게 차가운 분위기가 되고 대화가 줄어든다. 웬만하면 같이하지 않고 혼자 하려고 한다.

그런 상태가 어느 정도 지속되다보면, 즉 '해가 지도록 해결되지 않으면', 결국 마귀가 틈타게 된다. 생각지도 못한 위기가 찾아온다. 누군가 몸이 아프거나 경제적인 어려움을 겪기도 했다. 이 위기는 분열과 직접적인 관련성이 없어 보였다. 열심히 기도하고 금식해도 해결이 안 된다.

처음에는 이러한 상황을 분열의 문제와 연결시키지 못했다. 분열과는 전혀 상관없는 문제로 보였기 때문이다. 그런데 한 번 두 번 반복되다보니, 영적인 감이 오기 시작했다. '아, 분열이 마귀에게 틈을 준 거구나!' 마귀에게 틈을 주면, 그 근본적인 원인이 해결되기 전에는 기도해도 쉽게 돌파되지 않는다. 마귀가 합법적으로 역사할 '빌미'가 있기 때문이다.

마귀에게 틈을 주지 말라. '아무 일에든지' 정말 아무 일에든지, 다툼으로 하지 말라. 같은 마음과 같은 사랑으로, 한 뜻으로 행하라. 그럴 때 성령께서 우리 인생을 덮으신다. 우리 인생에는 성령님의 보호하심이 필요하다. 성령께서 보호하실 때, 당연히 마귀가 틈타지 못한다.

(2) 허영

또한 바울은 무슨 일을 하든지 허영으로 하지 말라고 권한다. '허영'은 헬라어로 '케노독시아'인데, 이는 "헛된 영광, 자기자만"이라는 뜻이다. 다시 말해 허영은 자신의 영광을 구하고, 자신을 자랑하고, 자기를 높이는 마음이다.

이 마음은 케노시스와는 반대되는 마음으로, 자신을 낮추셨던 예수님과 대척되는 마음이다. 성령께서는 낮은 곳으로 임하신다. 성령께서는 자기를 높이는 것을 가장 싫어하신다. 창조주 하나님의 속성이 자신을 낮추시는 겸손이라면, 마귀의 속성은 자기를 높이는 것이다. 자신을 자랑하고 드러내는 것이다. 그렇기 때문에 허영 역시 마귀에게 틈을 주는 마음의 태도다.

그뿐만 아니라 허영이 있을 때 다툼과 분열이 생긴다. '나'를 높이고 싶은데, 저 사람이 나를 높여주지 않으면 '내가 어떤 사람인데!'라며 사람들이 몰라준다고 하는 서운한 마음과 분노가 올라온다. 그러다보면 분열이 생기게 된다.

4. 겸손 : 남을 나보다 낮게 여기라

네 번째, 그래서 성경은 다툼과 허영이 아니라 겸손한 마음으로 각각 자기보다 남을 낮게 여기라고 권한다. 하나 되기 위한 소극적인 방법이 다툼과 허영을 버리는 것이라면, 적극적인 방법은 '겸손'이다. 허영이 자신을 남보다 낫게 여기는 것이라면, 겸손은 "자기보다 남을 낫게 여기는 것"이다. 겸손에 대해서는 좀 더 살펴보겠지만, 겸손은 사랑과 더불어서 정상적인 크리스천의 삶을 살게 해주는 중요한 마음의 태도다. 나보다 남을 낫게 여기는 마음 말이다.

이 마음이 어떻게 가능할까? 타락한 인간은 '자신'에 대한 인식과 '타인'에 대한 인식이 다르다. 자신에 대해서는 좋은 것만 보고, 타인에 대해서는 나쁜 것만 본다. 예를 들어 똑같은 실수를 해도 자신이 한 실수에 대해서는 그 실수의 이유와 변명을 자동적으로 생각해낸다. 그러면서 스스로를 '좋은 사람'으로 정당화한다. 그러나 타인의 실수에 대해서는 얄짤없다. '저 인간은 도대체 왜 저래?' 이러면서 부정적인 것, 안 좋은 것만 골라서 본다. 이것이 타락한 인간의 눈이다.

따라서 나보다 남을 낫게 여기기 위해서는 먼저 우리의 '눈'이 구속을 받아야 한다! 그렇다. 이 인식이 바뀌려면 정말 성령의 역사가 필요하다. 성령께서 우리 안에 임하셔서, 나의 죄와 연약함에 대해 조명해주실 때 비로소 '나는 좋은 사람이야'라는 착각에서 벗어나, 죄인 된 나의 모습을 보게 된다.

가장 선해 보이는 일을 하면서도 그 내면에서는 온갖 추악함과 계산이 돌아가는 나의 모습을 조명해주시는 것이다. 자신을 "죄인 중에 내가 괴수"라고 한 바울의 고백이 나의 것이 된다. 나에 비하면 다른 사람들은 그래도 천사다! 내가 괴수니까!

또한 성령께서 임하셔서 이웃을 사랑하게 될 때, 우리 눈에 콩깍지가 씐다. 이웃에게서 '좋은 것'만 보인다! 엄마 아빠가 바보가 되는 것은 우리 아이에게서 '좋은 것'만 보이기 때문이다. 사랑하면 좋은 것만 보인다. 나보다 남을 낫게 여기는, 즉 남에게서 좋은 것만을 보는 이 기적은 성령님의 은혜다. 이 성령의 은혜가 있을 때, 교회는 비로소 기쁨의 공동체가 된다.

5. 돌봄 : 관여하는 공동체의 능력
마지막 다섯 번째, 자기 일을 돌볼 뿐 아니라, 다른 사람들의 일을 돌보라고 권한다.

> [빌 2:4] 각각 자기 일을 돌볼뿐더러 또한 각각 다른 사람들의 일을 돌보아 나의 기쁨을 충만하게 하라

마지막으로 요구되는 마음의 태도는 '서로 책임지려는 마음'이다. "그건 네 일이니까 네가 알아서 하는 거지." 세상에서는 그럴 수 있다. 그러나 하나님의 백성은 그럴 수 없다. 하나

님의 백성은 서로의 인생에 깊게 관여하는 사람들이다. 네 일 내 일을 가리지 않는다. 그저 '우리 일'로 인식한다. 가족이기 때문이다.

나는 이것이 교회의 본질이라고 믿는다. 교회는 관여하는 곳이다. 서로의 인생에 관여하고, 서로의 삶에 관여하는 곳이 교회다. 그런 의미에서 현대 교회는 관여하는 공동체의 능력을 상실함으로써 영적인 능력도 잃어버렸다. 서로가 서로의 인생에 대해 관심을 가지고 서로가 서로의 일을 돌보고자 할 때 그곳에 하나님의 은혜가 부어지며, 하나님의 영광이 드러나게 된다.

결론 : 성령께서 일할 수 있는 마음을 만들라

하나됨, 사랑, 화목, 겸손 그리고 돌봄. 이것이 성도가 품어야 할 마음의 태도다. 그리고 이 마음의 태도는 모두 성령께서 주시는 은혜다. 타락한 인간이 스스로 만들어낼 수 없는 것들이다. 성령께서 임하실 때, 오직 은혜로 우리 안에 이 마음이 부어진다.

그렇다면 우리는 아무것도 할 수 없고, 아무것도 하지 않아도 되는 것일까? 그렇지 않다. 우리가 해야 할 파트가 있다. 바로 성령께서 일하실 수 있는 상태를 만드는 것이다.

비록 우리에게는 하나 되려는 마음도, 사랑할 능력도, 겸손도, 남을 돌아볼 만한 여유도 없지만 그럼에도 불구하고 그렇게 할 수 있기를 '갈망하는' 것이다.

형제를 사랑하려 노력하고, 나의 교만을 십자가 앞에서 회개하고, 형제의 삶에 관여하려고 애쓸 때, 그 '사모하는 마음' 위에 성령께서 일하신다. 마음이 있는 곳에 마음을 부으시는 것! 이것이 성령께서 일하시는 방식이다.

그러므로 비록 우리가 연약하고 교만하더라도 성령님의 일하심을 간절히 사모하자. '주여, 나를 도우셔서 예수 그리스도의 마음을 갖게 해주십시오!', '주여, 나를 긍휼히 여기소서!' 간절히 성령님의 도우심을 구하며, 하나님 백성의 마음을 갖기를 사모할 때, 성령께서 우리 안에 사랑할 수 있는 마음을 주시며, 성령께서 우리 안에 겸손한 심령을 부으실 것이다!

그렇기 때문에 나는 오늘도 성령님의 은혜를 사모한다. 목사로 20년 이상을 살아도 내 안에 연약함과 타락한 자아뿐이지만, 여전히 다시 일어나 갈망하고 간구하는 것은 내 안에서 도우시고 일하시는 성령이 계시기 때문이다. 이 성령께서 당신 안에도 거하신다. 이 은혜가 있기를 축복한다.

PART 2

예수님의
케노시스

KENOSIS

chapter 04

케노시스, 예수의 마음

[빌 2:5-11] 너희 안에 이 마음을 품으라 곧 그리스도 예수의 마음이니 그는 근본 하나님의 본체시나 하나님과 동등됨을 취할 것으로 여기지 아니하시고 오히려 자기를 비워 종의 형체를 가지사 사람들과 같이 되셨고 사람의 모양으로 나타나사 자기를 낮추시고 죽기까지 복종하셨으니 곧 십자가에 죽으심이라 이러므로 하나님이 그를 지극히 높여 모든 이름 위에 뛰어난 이름을 주사 하늘에 있는 자들과 땅에 있는 자들과 땅 아래에 있는 자들로 모든 무릎을 예수의 이름에 꿇게 하시고 모든 입으로 예수 그리스도를 주라 시인하여 하나님 아버지께 영광을 돌리게 하셨느니라

성경의 위대한 명령이 있다. 그것은 "그리스도 예수의 마음을 품으라"는 것이다. 앞서 살펴보았듯이 크리스천이 마땅히 행해야 할 덕목이 있고, 그 덕목을 가능하게 하는 마음의 태도가 있다. 그런데 문제는 이런 마음의 태도가 원한다고 해서 이루어지지 않는다는 것이다.

사랑하고 싶지 않은 사람이 어디 있고, 화목하고 싶지 않은 사람이 어디 있겠는가? 문제는 이런 마음의 태도가 우리 뜻대

로 되지 않는다는 것이다. 그래서 성령의 도우심이 필요하다. 성령께서 우리 안에 역사하셔서 타락한 우리 마음의 '자아'를 비우게 도우시고, 그곳에 하나님의 뜻이 가득 채워지도록 역사하셔야 한다.

빌립보서 2장 5절에서 11절은 그것이 바로 십자가에서 자신을 비우고 죽기까지 순종하신 '예수 그리스도의 마음'이라고 이야기한다. 그래서 크리스천의 덕목과 마음을 품기 위한 모든 노력은 결국 한 가지로 귀결된다. 바로 우리 안에 그리스도 예수의 마음을 품는 것이다. 즉 자신을 비우고 하나님으로 채우는 케노시스의 영성, 자기비움의 영성을 이야기한다.

하나됨? 잘 안 된다. 사랑? 더욱 어렵다. 화목도 겸손도 돌봄도 모두 마음대로 되지 않는다. 그래서 싸워야 하는 한 가지 싸움이 있다. 바로 사랑, 화목, 연합, 돌봄, 겸손 등 각각의 마음을 하나씩 품으려는 것이 아니라 자신을 비우는 '케노시스'를 이루기 위한 싸움이다.

왜 마음이 마음대로 안 될까? 죄 때문이다! 하나님을 떠난 타락한 '자아'가 우리 안에 역사하고 있기 때문이다. 끝없이 자신을 주장하고 높이는 이 타락한 자아! 모든 것을 나 중심으로 생각하고 배열하는 타락한 자아! 이 타락한 자아가 다루어지지 않았는데 연합, 사랑, 화목, 겸손, 돌봄의 마음이 가능할 리 없다.

지독히 자기중심적인 타락한 자아에게 타인은 그저 나의 영광을 향해 손뼉 치는 들러리 관중이자 내 삶을 위한 소품일 뿐, 그 이상도 그 이하도 아니다. 그렇기 때문에 우리가 싸워야 할 싸움은 결국 하나로 귀결된다. 바로 '자기를 비우는' 타락한 자아와의 싸움이다.

예수께서 말씀하셨다.

[눅 9:23] 또 무리에게 이르시되 아무든지 나를 따라오려거든 자기를 부인하고 날마다 제 십자가를 지고 나를 따를 것이니라

누구든지 예수를 따르려면 자기를 부인하라고 하셨다. 바로 '케노시스'에 대한 명령이다. 자기를 부인하고 자기를 비울 때 무슨 일이 일어날까? 바로 성령께서 우리 안에 역사하시기 시작한다!

케노시스는 자신을 비움으로써 하나님이 역사하실 수 있는 공간을 만드는 것이다. 나의 타락한 자아가 비워지고, 그곳에 하나님의 영이 가득할 때 비로소 우리는 바울이 이야기하는 '복음에 합당한' 성도의 삶과 마음을 가질 수 있게 되고, 무엇으로도 막을 수 없는 기쁨과 평강을 누리게 된다. 이것이 복음의 비밀이자 예수께서 행하셨던 케노시스의 능력이다.

자, 이 위대한 복음의 여정, 곧 자기를 비움으로써 하나님으

로 충만해지는 케노시스의 여정을 시작해보자!

1. 너희 안에 이 마음을 품으라

케노시스에 대한 가르침은 이렇게 시작된다.

> [빌 2:5] 너희 안에 이 마음을 품으라 곧 그리스도 예수의 마음
> 이니

'품다'에 해당하는 헬라어는 '프로네오'(φρονέω)다. 이는 "마음의 훈련을 하다, 마음을 두다, 관심(흥미)을 가지다(그래서 복종하다), 주목하다, 생각하다"라는 의미다. 즉 자연스럽게 떠오르는 마음이 아니라 의지적인 선택을 의미하는 단어다.

무엇인가에 의지적으로 마음을 두는 것이다. 두고 또 두는 것이다. 두었다가 잠깐 마음이 다른 곳으로 흘러가면 다시 잡아다 두고, 또 다른 곳에 마음이 팔리면 또 잡아다 두고, 반복적이고 의지적으로 마음을 '잡아다 두는' 것이다. 즉 순종하는 것이다.

이렇게 마음을 두고 또 두고, 생각하고 또 생각함으로써 마음을 훈련하는 것이 프로네오, 마음을 품는 것이다.

같은 단어가 골로새서 3장 2절에도 사용되었다.

[골 3:2] 위의 것을 생각하고 땅의 것을 생각하지 말라

여기에서 사용된 '생각하다'라는 단어 역시 '프로네오'이다. 즉, 위의 것에 반복적이고 의지적으로 마음을 두고 마음을 둠으로써 훈련하라는 것이다. 프로네오는 마음을 훈련하는 것이다.

모든 훈련은 의지를 사용해 반복함으로써 익숙해지게 하는 것이다. 이렇게 익숙해진 마음을 '태도' 또는 '성품'이라고 한다. 그래서 영어 성경에는 그리스도 예수의 마음이라고 할 때 마음을 '태도'(attitude)라는 뜻으로 번역하고 있다. 즉 태도는 "훈련된 마음"을 의미한다.

그렇기 때문에 "너희 안에 이 마음을 품으라 곧 그리스도 예수의 마음이니"라는 말씀은 너희 안에 그리스도 예수의 마음을 두고 또 두고, 훈련하고 또 훈련해서 익숙해지게 하라는 의미다. 이렇게 마음을 훈련할 때, 그 마음에 합당한 '영'이 임한다.

마음은 '영'을 담는 그릇이다. 우리가 무언가에 마음을 둘 때, 마음을 두고 또 두고 반복적이고 의지적으로 둘 때, 마음을 훈련할 때 어느 순간 그 마음에 합당한 '영'이 임한다. 예를 들어 돈에 마음을 두고 또 두면, 어느 순간 '맘몬의 영'(돈을 갈망하고 돈에 집착하며 돈을 기뻐하는 영)이 임하고, 음란한 것에 마

음을 두고 또 두면, 어느 순간 '음란의 영'이 임한다.

이와 마찬가지로 우리가 '그리스도 예수의 마음'에 마음을 두고 또 둘 때, 어느 순간 우리 안에 예수의 영이신 성령께서 임하신다. 그것은 거룩함을 사모하고 하나님을 기뻐하는 영이며 형제를 사랑하는 영이다. 이 영이 임할 때, 우리는 비로소 예수의 마음과 태도들, 사랑과 하나됨과 화목과 겸손과 돌봄의 마음을 가지게 된다. 예수의 영을 받으라! 그 마음에 예수의 마음을 '프로네오'할 때 예수의 마음을 부으실 것이다.

2. 예수의 마음은 어떤 마음인가?

그렇다면 우리가 '프로네오'해야 할 예수의 마음은 구체적으로 어떤 마음일까? 빌립보서 2장 6-8절은 크게 두 가지를 이야기하는데 바로 '자기부인'과 '복종'이다.

> [빌 2:6-8] 그는 근본 하나님의 본체시나 하나님과 동등됨을 취할 것으로 여기지 아니하시고 오히려 자기를 비워 종의 형체를 가지사 사람들과 같이 되셨고 사람의 모양으로 나타나사 자기를 낮추시고 죽기까지 복종하셨으니 곧 십자가에 죽으심이라

케노시스 영성의 핵심은 6-8절에서 이야기하는 '자기부인'

과 '복종'에 있다. 자아를 부인하여 자기를 비워 복종함으로써 내 안에 하나님을 채우는 것이다. 먼저 자기부인을 살펴보자.

(1) 자신의 권리를 취하지 않으심

케노시스는 자신의 권리를 취하지 않고 내려놓는 것에서부터 시작된다. 예수께서는 하나님의 본체시나 하나님과 동등됨을 취할 것으로 여기지 않으셨다. 모든 인간에게는 스스로 합당하다고 생각하는 '권리'가 있다. 이 정도의 대접은 받아야 하고, 이 정도의 인정은 받아야 당연하다고 여기는 권리 말이다. 이 권리는 침해받기 전까지는 잘 드러나지 않는다. 그래서 나도 내가 무엇을 '나의 권리'라고 생각하는지 잘 모른다.

그런데 그 권리가 침해받으면 어떻게 될까? 참을 수 없고 분노가 올라온다. 당신은 권리를 침해받아본 적이 있는가? 예를 들어 식당에 갔는데 나에게는 자리를 안내해주지 않으면서 내 뒤에 온 사람들에게는 친절하게 안내하거나 아무리 기다려도 나에게 자리를 안내해주지 않는다면 어떨 것 같은가?

나도 그런 경험이 있다. 한번은 청담동 고급 식당에서 약속이 있었다. 그런데 다른 차들은 발레파킹을 해주면서 내 차는 아는 척도 하지 않았다. 나보다 뒤에 온 사람들까지 모두 발레파킹을 하고 들어가는데, 나는 아무리 기다려도 해주지 않았다. 아뿔싸! 청담동에 몰고 가면 안 되는 차를 타고 온 것이다! 정말 화가 났다. 결국 발레파킹하는 사람을 불러 화를 내고야 말았다! 이렇듯 사람은 자신의 권리라고 믿는 기준대로 대접해주지 않으면 분노하고 삐진다.

교회에서도 마찬가지다. 예배 인도하던 사람을 아무 말 없이 6개월만 세우지 말아보라. 소그룹 리더이던 사람을 1년만 소그룹 멤버로 있게 해보라. 다른 교회에서 장로 혹은 목사로 섬기다가 교회를 옮겨온 분들을 1,2년 정도 아는 체하지 말아보라. 정말 살벌해진다.

물론 그렇지 않은 분들도 많다. 케노시스가 되신 겸손한 분들도 있다. 그러나 자기부인의 경험이 없는 분들은 정말 살벌해진다. 온갖 저주와 공격이 쏟아진다. "이 교회는 문턱이 높다", "목사님이 교만하다" 심지어 이단이라는 말까지 나온다. 건드리면 안 되는 역린(逆鱗)을 건드린 것이다!

'내가 이 정도의 사람이야!', '나는 이런 대접을 받을 권리가 있어!'라고 하는 권리 인식은 인간 안에 가장 예민하고 위험한 부분이다. '나의 권리'라고 하는 개념이 정체성 혹은 자존감과 "나는 누구이며 어떤 존재인가?"라는 '존재 가치'와 밀접하게 연결되어 있기 때문이다.

따라서 인간의 가장 큰 욕구는 돈도, 섹스도, 권력도 아니다. 인간의 가장 큰 욕구는 '나의 존재 가치', 즉 권리에 대한 욕구다. "나는 어떤 존재인가?", "나의 존재는 어느 정도의 가치가 있는가?" 이 존재 가치가 인간의 가장 근원적인 욕구다.

'나는 이런 사람이고, 그래서 이런 대접을 받을 권리(또는 가치)가 있어'라고 하는 믿음. 사람은 돈 없이는 살아도 이 가오 없이 못 산다. 이것을 권리, 사람들의 인정, 영광 등으로 다양하게 표현하기도 하는데 본질적으로는 "내가 나를 바라보는 관점"이라는 의미에서 '자아관'이라고 할 수 있다.

예수님의 케노시스는 이 '자아' 또는 '자아관'을 내려놓는 것에서 시작한다. "자기를 비워"(빌 2:7) 시작되는 케노시스의 마지막은 "십자가에 죽으심"(빌 2:8)이다. 예수께서는 "누구든지 나를 따라오려거든 '자기를 부인하고', '자기 십자가를 지고' 나를 따를 것이니라"라고 말씀하셨다. 케노시스의 핵심은 '자기부인'과 '십자가'(순종)다.

(2) 자기를 비우심

예수 믿고 가장 먼저, 그리고 가장 중요하게 다루어져야 할 것이 바로 이 '자아관'이다. 예수님은 아무든지 나를 따르려거든 자기를 부인하고 나를 따르라고 하셨다. 그러니 이것은 예수를 따르려는 사람이라면 누구에게나 반드시 요구되는 명령이다.

[눅 9:23] 또 무리에게 이르시되 아무든지 나를 따라오려거든 자기를 부인하고 날마다 제 십자가를 지고 나를 따를 것이니라

불행하게도 현대 교회는 이 말씀을 귀담아듣지 않는 것 같다. 많은 사람이 '자아'의 문제를 다루지 않고 신앙생활을 시작한다. 이해는 된다. 교회에서 이 문제를 다루려고 시도하면 온갖 볼꼴, 못 볼꼴을 다 봐야 한다. 온갖 비난의 소리 또한 다 들어야 한다.

"형제님은 매우 교만하십니다. 당신은 자기의로 가득 차 있고, 자신이 살아온 삶에 대해 사람들이 인정해주기를 원하고 계십니다. 그렇지 않을 때 당신 안에 온갖 구정물과 쓰레기가 다 올라오는군요."

이렇게 직설적으로 이야기한다면 어떻게 되겠는가? 생각만 해도 등골이 오싹해진다. 예수께서 이것을 하려 하시니까 바리새인들이 예수를 붙잡아죽였지 않은가! 자아에 대해 도전하자 바리새인들은 이를 갈았다. 그러니 웬만하면 자아의 문제를 다루지 않고 슬쩍 다음으로 넘어가는 것이 편하다.

감사하게도 내가 배웠던 복음과 나를 양육해주었던 선배들은 기꺼이 이 수고를 감당해주셨다! 이 살벌한 위험을 감수하면서 말이다. 지금 돌아보면 얼마나 감사한지 모른다!

내가 배웠던 복음은 예수를 믿으면 제일 먼저 자아의 문제

를 다루어야 한다는 것이었다. 왜냐하면 타락한 우리의 자아는 생각보다 훨씬 괴물 같은 존재이기 때문이다. 겉은 멀쩡해도 자아가 건드려지면 정말 상상할 수 없는 구정물과 악독들이 솟아 나온다.

당신은 다를 것 같은가? 아니다! 예외는 없다. 특히 착하게 살아온 사람들이 더 그렇다. 나의 자아가 그다지 착한 존재가 아니라는 사실을 직언하기 시작하면 정말 무섭게 돌변한다. 인간은 하나도 예외 없이 다 타락한 죄인이다. 의인은 없나니 하나도 없다. 감사하게도 이것이 내가 배운 복음이었다. 선배들에게 받은 은혜이며 축복이다.

자아가 다뤄지지 않고도 뭐든 대충 할 수는 있다. 기도도 열심히 하고, 사역도 하고, 봉사도 하고, 다 할 수 있다. 직분도 받는다. 집사가 되고, 장로가 되고, 목사, 선교사도 된다. 그런데 문제는 '나중'이다. 자아가 다뤄지지 않은 사람은 나중에 반드시 문제를 일으킨다. 왜냐하면 이 모든 신앙 행위를 하게 하는 근본 동기 혹은 엔진이라 할 수 있는 '마음'과 '태도'가 예수님의 것과 다르기 때문이다.

'자기'가 비워지기는커녕 오히려 '나'로 가득 차 있다. '나는 이런 존재이고, 그래서 적어도 이렇게 대접받아야 할 권리가 있고, 사람들도 그런 나를 인정하고 대우해줘야 해!' 마음의 기저(基底)에 '자아'가 비워지지 않고 가득하다.

예수께서는 근본 하나님의 본체시나 하나님과 동등됨을 취할 것으로 여기지 않으셨는데 말이다! 예수께서는 오히려 자기를 비워 어떤 권리도, 어떤 인정도 주장하지 않으셨다. 그렇다. 예수님의 모든 삶을 규정하는 기초는 주장하는 것이 하나도 없는 완전한 자기비움, 케노시스였다!

당신은 어떤가? 예수를 따르기로 했을 때 자아가 다루어졌는가? "나는 아무것도 아닙니다"라는 고백이 있었는가? 무시당해보았는가? 생각이 꺾여보았는가? 고집이 꺾여보았는가? 당신의 자아가 부인되었는가? 혹시 아직도 펄펄 살아있지는 않은가?

목회를 하다보면, 자아가 부인된 경험이 있는 사람과 그렇지 않은 사람의 차이가 선명하고 명백하게 보인다. 애매하지 않다. 감출 수 없다. 명백하게 보인다. 그저 하나님이 끼워주시기만 해도 감사한 사람과, "내가 누군데!", "어떻게 나한테 이럴 수 있어!", "나를 무시해?"라고 말하는 사람이 분명히 구분된다.

좋을 때는 아무 문제가 없다. "목사님, 목사님" 하며 간이라도 다 빼줄 거 같고, 착하고 충성되게 보인다. 그런데 막상 자아가 건드려지면 어떨까? 자신이 기대했던 것과 다르게 일이 진행되거나 목회자나 소그룹 리더가 자신이 기대한 것만큼 자신을 인정해주지 않으면 무서운(?) 일이 벌어진다! 지난 30

년간 그런 사례를 무수히 보아왔다. 아니, 많이 시달려왔다. 자아가 다루어지지 않은 사람은 정말 무섭다.

그래서 요즘은 꾀가 생긴다. 젊었을 때처럼 직접 대놓고 자아를 도전하지 않는다. 대신 그냥 모른 척한다. 아무리 능력이 있고, 아무리 은사가 있고, 아무리 리더십이 있어도 그냥 못 본 척 가만히 있는다. 절대로 직분을 주지 않는다. 자기부인, 케노시스가 검증될 때까지 말이다!

그렇게 가만히 아무것도 안 하고 있으면 시간이 흐르고 저절로 드러난다. 자아가 부인된 경험이 있는 사람과 그렇지 않은 사람, 케노시스의 영성이 있는 사람과 그렇지 않은 사람으로 자연스럽게 나뉜다.

케노시스의 영성이 있는 사람은 교회에서 알아주지 않고 세워주지 않아도 별로 신경쓰지 않는다. 자기가 비워져 있기 때문에 무시당한다고 생각하지 않는다. 그저 하나님의 은혜에 감사한다.

'아, 나 같은 죄인을 끼워주신 것만 해도 감사하지요!'

나도 그랬다. 내 자아의 끔찍한 모습을 직시하고 나니까, 정말 하나님나라에 끼워주신 것만으로도 감사해서 어쩔 줄 몰랐다.

'나 같은 것을 왜 구원해주실까?'

사람들이 인정을 해주든 안 해주든, 직분이 주어지든 안 주어지든 아무 상관이 없다. 그전까지는 그렇지 않았다. 사람들이 나를 무시하거나 인정해주지 않으면 예민해지고 분노했다. 그런데 자아가 꺾이고 나니까(한 번에 되는 것은 아니다. 날마다 해야 한다!) 달라졌다. 끼워주신 것만으로도 감당할 수 없는 은혜였다!

"하나님, 나 같은 사람은 쓰시면 안 됩니다. 그냥 평생 하나님나라에 민폐나 안 끼치고 살면 좋겠습니다."

실제로 내가 했던 고백이다. 그리고 놀랍게도 바로 그 고백을 했을 때 하나님께서 나를 목사로 세우시고 영적인 권위를 주셨다. 성경 말씀 그대로였다. 자기를 부인하고 비웠을 때, 예수의 케노시스에 참여했을 때 하나님께서 높이시고 세우셨다.

[빌 2:7-9] 오히려 자기를 비워 종의 형체를 가지사 사람들과 같이 되셨고 사람의 모양으로 나타나사 자기를 낮추시고 죽기까지 복종하셨으니 곧 십자가에 죽으심이라 이러므로 하나님이 그를 지극히 높여 모든 이름 위에 뛰어난 이름을 주사

자신을 비울 때 하나님께서 비로소 권위를 주시고 사용하기 시작하신다! 지금도 나는 하나님나라를 위해서 내가 뭔가를 할 수 있는 존재가 아님을 알고 있다. 그저 사고나 안 치고,

민폐나 안 끼치면 감사하다! 정말 은혜! 그냥 전적인 은혜다.

이처럼 나는 은혜가 필요한 존재이지, 은혜가 없으면 사람 노릇 할 그릇이 아니다. 당신은 어떤가? 자기를 비워 종의 형체가 되었는가? 그것이 예수의 마음이다.

3. 어떻게 케노시스를 이루는가?

그렇다면 어떻게 해야 우리의 자아가 다루어질 수 있을까? 어떻게 케노시스에 이를 수 있을까? 자세한 것은 다음 장에서 살펴보고, 여기서는 결론만 이야기하자.

열쇠는 말씀과 기도 그리고 공동체다. 말씀은 진리를 깨닫게 하고, 기도는 깨달은 진리를 가지고 하는 씨름이자 전투다. 그런데 그사이에 공동체라는 '현실'이 있다. 바로 나와 함께 매일의 삶을 살아가는 믿음의 사람들이다.

말씀에서 깨닫고 조명된 것들은 이 공동체를 통해 실재(實在)가 되고 드러난다. 예를 들어 말씀에 "시기하지 말라"고 하셨는데 공동체라는 환경이 없다면, 그 말씀은 그저 추상적인 윤리 지식 그 이상도 이하도 아니다. 공동체를 통해 시기하는 내 모습이 드러날 때 말씀이 비로소 현실이 된다.

시기하는 내 모습, 이것이 '현실'이다. 이 현실을 붙들고 기도로 씨름하며 자아를 꺾는 것이다. 이것이 케노시스에 이르는 길이다. 사실 공동체라는 현실뿐 아니라 모든 현실이 우리의 자아를 꺾고 '예수님의 케노시스'로 나아가는 관문이다.

큰 실패와 위기 앞에서 우리 자아는 자신이 얼마나 무기력한 존재인지 깨닫게 되고, 자기를 의지하던 자아를 하나님 앞에서 비우고 은혜를 구하게 된다. 바로 이런 이유로 실제로 선교사를 허입(許入)할 때, 큰 실패를 경험한 사람을 뽑기도 한다.

오늘 당신은 어떤가? 혹시 당신의 자아가 건드려지는 '현실'이 있는가? 자아를 건드리는 '사람'이 있는가? 마음이 상하거나 자존심이 상하거나 사람들이 알아주지 않는 상황이 속상한가? 내가 마땅히 누려야 할 권리를 침해당했다고 느끼거나 오해받고 있다고 생각되는가? 나를 억울하게 하는 사람 혹은 현실이 있는가? 그렇다면 주의하라. 그것은 단순히 불평하거나 분노할 상황이 아니라, 어쩌면 하나님께서 당신에게 무언가를 말씀하고 계신 것일 수 있다. 아니, 말씀하고 계신 것이 분명하다.

케노시스. "너희 안에 이 마음을 품으라 곧 그리스도 예수의 마음이니!" 우리의 자아를 향한 하나님의 도전이다. 자신을 비우고 십자가에 죽으셨던 예수님처럼, 타락한 우리의 자아를 꺾고 자신을 비우라고 말이다.

혹은 큰 실패를 경험했거나 내 힘으로 해결할 수 없는 큰 위기 가운데 있는가? 어쩌면 그 일은 내가 내 인생을 컨트롤할 수 있다고 믿는 교만한 자아, 나는 할 수 있다고 생각하는 오만한 자아를 향한 하나님의 메시지일지도 모른다. "너는 은혜가 필요한 존재야!" 이 음성을 들을 수 있기를 축복한다.

그렇다. 우리는 오직 은혜가 필요한 존재이지, 권리를 내세울 존재가 아니다. 기도의 자리에서 씨름해야 한다. 내 안의 자아가 하나님 앞에서 죽을 때까지 말이다. 오직 은혜! 오직 은혜가 나의 유일한 소망이며 생명이라는 사실을 성령께서 알려주실 때까지 명심하라. 그렇게 될 때 하나님께서 우리를 이전과는 다른 차원으로 높이시고 축복하실 것이다. 오늘이 당신의 자아가 하나님 앞에서 죽는 날이 되길 축복한다.

chapter 05

케노시스의 능력

[빌 2:5-11] 너희 안에 이 마음을 품으라 곧 그리스도 예수의 마음이니 그는 근본 하나님의 본체시나 하나님과 동등됨을 취할 것으로 여기지 아니하시고 오히려 자기를 비워 종의 형체를 가지사 사람들과 같이 되셨고 사람의 모양으로 나타나사 자기를 낮추시고 죽기까지 복종하셨으니 곧 십자가에 죽으심이라 이러므로 하나님이 그를 지극히 높여 모든 이름 위에 뛰어난 이름을 주사 하늘에 있는 자들과 땅에 있는 자들과 땅 아래에 있는 자들로 모든 무릎을 예수의 이름에 꿇게 하시고 모든 입으로 예수 그리스도를 주라 시인하여 하나님 아버지께 영광을 돌리게 하셨느니라

이번 장에서는 자기부인의 구체적인 모습이 어떤 것인지, 그리고 반대로 자아가 다루어지지 않은 크리스천은 어떤 모습인지를 살펴보려 한다.

1. 경건의 모양 vs 경건의 능력

예수께서 말씀하셨다.

[눅 9:23] 또 무리에게 이르시되 아무든지 나를 따라오려거든 자기를 부인하고 날마다 제 십자가를 지고 나를 따를 것이니라

내가 배운 복음은 예수를 따르려면 자기를 부인하고 십자가를 져야 한다는 복음이었다. 예수 믿고 가장 먼저 해야 할 일은 '타락한 자아'를 직시하고 다루는 것이다. 그런데 이 일이 쉽지 않다. 앞서 여러 번 이야기했던 것처럼 교회가 이 일을 하려고 하면 온갖 비난을 듣게 된다. 그만큼 우리의 자아는 악독하고, 교만하며, 자기중심적이고, 잔인하다. 참으로 괴랄(怪辣)한 존재다.

그래서 현대 교회는 이 말씀을 부담스러워한다. 그저 격려하고 위로하는 '편한 복음'을 선호하지, 굳이 이 괴랄한 자아를 건드려 긁어 부스럼 만들고 싶어 하지 않는다. 이것이 신앙생활의 핵심인데도 말이다.

그러다보니까 '경건의 모양'은 만들어지지만, '경건의 능력'을 가진 사람들을 찾아보기 어렵다. 자아가 부인된 사람은 경건의 능력이 있지만, 그렇지 않은 사람은 경건의 모양만 있다.

복음의 능력이 무엇일까? 그것은 세상을 변화시키는 능력이요, 마음을 감화하는 감동이다. 그런데 이 경건의 능력을 보이는 크리스천을 만나보기 쉽지 않은 시대가 되었다. 많은 이들이 경건의 모양은 갖추고 있지만, 그 속 깊은 곳에는 괴랄한

자아를 칼날처럼 감추고 있다. 이처럼 자아가 부인되지 않은 크리스천의 대표적인 모습은 경건의 모양은 있지만 경건의 능력은 없는 것이다.

(1) 자아가 부인되지 않은 크리스천의 특징

디모데후서는 자아가 부인되지 않은 크리스천의 모습에 대해 이렇게 이야기한다.

> [딤후 3:1-5] 너는 이것을 알라 말세에 고통하는 때가 이르러 사람들이 자기를 사랑하며 돈을 사랑하며 자랑하며 교만하며 비방하며 부모를 거역하며 감사하지 아니하며 거룩하지 아니하며 무정하며 원통함을 풀지 아니하며 모함하며 절제하지 못하며 사나우며 선한 것을 좋아하지 아니하며 배신하며 조급하며 자만하며 쾌락을 사랑하기를 하나님 사랑하는 것보다 더하며 경건의 모양은 있으나 경건의 능력은 부인하니 이같은 자들에게서 네가 돌아서라

"쾌락을 사랑하기를 하나님 사랑하는 것보다 더하며"라는 구절에서 알 수 있듯이, 이 말씀은 하나님을 모르는 세상 사람들을 향한 말씀이 아니라 하나님을 믿는 크리스천들을 향한 말씀이다. 이 말씀은 자아가 다루어지지 않은 크리스천들

의 모습을 정확히 묘사한다. 슬프게도 이것이 오늘날 우리의 모습이 아닌지 고민하게 된다.

성경은 말세에 경건의 모양은 있지만 경건의 능력은 찾아볼 수 없는 자들이 가득할 것이라고 이야기한다. 신앙의 모양은 있지만 세상을 변화시킬 능력도, 영혼을 감동케 하는 능력도 없는 크리스천들 말이다. 이들은 자기를 사랑하며 교만하며 비방하며(딤후 3:2), 무정하고 절제하지 못하며(딤후 3:3), 사납고 조급하며 자만하다(딤후 3:3-4). 한마디로 자아가 다루어지지 않은, 자기가 비워지지 않은 크리스천들이다.

자아가 다루어지지 않은 사람의 특징은 자기를 사랑하는 것이다. 자기를 높이고 싶어 하고, 다른 사람들의 사정이나 감정보다 자신의 감정이 중요하다. 또 다른 사람의 이야기를 듣지 않고 항상 자기가 옳다고 생각한다. 그래서 직언해주는 사람을 비방한다. 절제하지 못하고 사나우며 화를 내고 쉽게 삐진다. 조급하며 참지 못한다. 자신이 항상 옳다고 믿고 자신의 죄 된 모습을 대면하지 않는다. 이런 사람은 자아가 다뤄지지 않은 사람이다.

(2) 경건의 모양

그러나 이런 사람들도 '경건의 모양'은 있다. 봉사도 열심히 하고, 헌금도 하고, 집사, 장로, 목사, 선교사로 헌신하기도

한다. 그런데 능력은 없다. 세상을 변화시킬 능력도, 영혼을 감동 감화할 능력도 없다. 왜냐하면 능력은 성령으로부터 오는데 성령이 역사하실 공간이 없기 때문이다. 내 힘과 내 열심으로 일할 뿐이다.

말세에는 이런 사람들이 많아질 것이라고 이야기한다. 그래서 말세는 고통스럽다. 뭔가 열심히 하는데, 같이 있기는 편하지 않다. 사역은 열심히 하는데, 이야기해보면 날이 서 있다. 조금만 직언을 해도 자존심이 건드려지고 분노한다. 항상 자기가 옳다고 생각하고, 형제자매의 조언에 대해서는 '오해'라고 비난한다. 그런 사람과 함께 있는 것은 살얼음판을 걷는 것과 같다. 자아가 부인되지 않고 열심히 모양만 만들어간 결과다. 당신은 어떤가? 경건의 모양이 있는 자인가, 아니면 경건의 능력이 있는 자인가?

2. 자신을 비운 사람과 그렇지 않은 사람

자기가 비워진 사람의 모습은 어떨까? 누가복음 18장의 바리새인과 세리의 비유는 이 모습을 설명하고 있다.

[눅 18:9-14] 또 자기를 의롭다고 믿고 다른 사람을 멸시하는 자들에게 이 비유로 말씀하시되 두 사람이 기도하러 성전에 올라가니

하나는 바리새인이요 하나는 세리라 바리새인은 서서 따로 기도하여 이르되 하나님이여 나는 다른 사람들 곧 토색, 불의, 간음을 하는 자들과 같지 아니하고 이 세리와도 같지 아니함을 감사하나이다 나는 이레에 두 번씩 금식하고 또 소득의 십일조를 드리나이다 하고 세리는 멀리 서서 감히 눈을 들어 하늘을 쳐다보지도 못하고 다만 가슴을 치며 이르되 하나님이여 불쌍히 여기소서 나는 죄인이로소이다 하였느니라 내가 너희에게 이르노니 이에 저 바리새인이 아니고 이 사람이 의롭다 하심을 받고 그의 집으로 내려갔느니라 무릇 자기를 높이는 자는 낮아지고 자기를 낮추는 자는 높아지리라 하시니라

(1) 여전히 '나'로 가득찬 사람

바리새인과 세리의 핵심적인 차이가 무엇일까? 바리새인은 기도할 때 처음부터 끝까지 주어가 '나'다.

"나는 토색하지 않았고, 나는 간음하지 않았고, 나는 금식하고, 나는 십일조를 드리고, 나는 세리와 다르다!"

바리새인은 "하나님이여"라고 한 번 부르고 나서 처음부터 끝까지 '나'에 대한 이야기뿐이다. 바리새인의 관심은 하나님도 이웃도 아니다. 오직 '나'뿐이다. 하나님을 부르는 것도 나를 자랑하고 높이기 위해서다. 이웃을 섬기는 것도 착하고 선량한 나를 사람들에게 보여주고 싶기 때문이다.

그런데 감추어진 자아의 본심을 들키면 어떻게 될까? 분노하고 그것을 드러낸 사람을 공격한다. 바리새인의 관심은 하나님도 이웃도 아닌, '나'다. 그리고 이 사실을 드러내신 예수 그리스도를 공격하여 십자가에 못 박는다. 이것이 자아의 본질이다.

이런 사람은 교회를 다녀도 나를 위한 교회이고, 신앙생활을 해도 나를 위한 신앙이며, 예배를 드려도 나를 위한 예배이고, 소그룹 모임을 해도 나를 위한 소그룹이며, 직분을 받아도 나를 위한 직분이다. 자아가 다루어지지 않은 크리스천이다. 열심히 헌신하는 자신을 뿌듯해하는 '자기만족'을 신앙이라고 착각한다.

(2) 이제는 '나'가 비워진 사람

반면 세리는 어떤가? 세리는 "하나님이여, 나를 불쌍히 여기소서"라고 외친다. 주어가 '하나님'이다!

"나는 어찌할 도리가 없다. 하나님이 어찌해주셔야 한다. 선하게 살 능력도, 이웃을 사랑할 역량도, 하나님을 섬길 믿음도 없다. 그저 타락한 괴물 같은 자아가 있을 뿐이다. 나는 내세울 것이 없다. 아무것도 없다. 하나님이 긍휼히 여겨주셔야만 한다!"

주어 혹은 주체가 철저히 하나님이다. 하나님의 의지와 능력만이 소망이고, 하나님의 긍휼과 은혜만이 소망이다. 이것이 세리의 마음이었다. 이 마음이 느껴지는가? 그렇다. 자기부인은 '지식'이기 이전에 이 '마음'이다.

"하나님을 사랑하는 걸까? 아니면 하나님을 열심히 섬기는 나를 사랑하는 걸까?" 사실 이런 질문은 백날 해도 해답은 없다. 분석해서 나올 수 있는 답이 아니다. 이리 생각하면 하나님을 사랑하는 것 같고, 저리 생각하면 자기만족인 것도 같다. 정말 헷갈린다.

내가 그랬다. 파고들수록 헷갈렸다. '나는 지금 하나님을 사랑하고 있는 건가? 아니면 하나님을 사랑하는 내 모습을 뿌듯해하고 있는 걸까?' 아무리 분석해도 답을 찾을 수 없었다. 그렇다. 자기부인은 분석 이전에 '마음'이다. 하나님의 은혜를 향한 갈망이 느껴져야 한다! 타락한 자아를 향한 탄식이 느껴져야 한다!

[롬 7:24-25] 오호라 나는 곤고한 사람이로다 이 사망의 몸에서 누가 나를 건져내랴 우리 주 예수 그리스도로 말미암아 하나님께 감사하리로다 그런즉 내 자신이 마음으로는 하나님의 법을 육신으로는 죄의 법을 섬기노라

이것이 자아를 직시한 바울의 탄식이다. 세리의 마음을 느

껴보라. 하나님을 향한 간절함이 느껴지지 않는가? 바로 그 마음이다. 자신을 향한 탄식이 느껴지지 않는가? 바로 그 마음이다. 하나님의 긍휼과 은혜를 향한 절박함이 느껴지지 않는가? 바로 그 마음이다.

이 마음을 느껴야 한다. 이것이 '케노시스'의 시작이다. 오늘도 당신 안에 '강함'이 아닌 '연약함'이 역사하길 축복한다. '나'가 아니라 '하나님'을 소망하는 갈망이 역사하길 축복한다.

3. 십자가 전후의 베드로

우리는 베드로에게서 또 다른 대비를 찾아볼 수 있다.

(1) 나의 힘으로 그리스도를 구한다!

[마 16:21-22] 이 때로부터 예수 그리스도께서 자기가 예루살렘에 올라가 장로들과 대제사장들과 서기관들에게 많은 고난을 받고 죽임을 당하고 제삼일에 살아나야 할 것을 제자들에게 비로소 나타내시니 베드로가 예수를 붙들고 항변하여 이르되 주여 그리 마옵소서 이 일이 결코 주께 미치지 아니하리이다

베드로는 자기 생각이 확실한 사람이었다. 예수님의 말씀이

마음에 들지 않자 예수를 붙잡고 항변했다. '항변했다'의 헬라어 원어는 "야단치다, 꾸짖다"라는 의미다. 즉 "예수님, 그게 아니고요. 이렇게 하셔야지요!"라며 예수를 가르치려 했다는 것이다.

우리도 많은 경우에 예수를 가르치려 하지 않는가? "이거 왜 이러십니까? 이해가 안 됩니다", "나에게 어떻게 이러실 수 있습니까?", "그렇게 기도했으면 적어도 이렇게 해주셔야지요!" 이렇게 예수께 항변한다. 예수를 가르치려 했던 베드로의 모습이 우리 안에 있다. 자아가 다루어지지 않은 모습이다.

또한 베드로는 혈기 왕성한 사람이었다.

[요 18:10-11] 이에 시몬 베드로가 칼을 가졌는데 그것을 빼어 대제사장의 종을 쳐서 오른편 귀를 베어버리니 그 종의 이름은 말고라 예수께서 베드로더러 이르시되 칼을 칼집에 꽂으라 아버지께서 주신 잔을 내가 마시지 아니하겠느냐 하시니라

위기에 처하자 베드로는 바로 칼을 빼어 휘둘렀다. 이 열심은 예수님을 위한 열심이었다. 베드로에게는 예수 그리스도를 향한 열심이 있었다. 칼을 빼어 싸울 정도로 특별한 열심이었다.

그런데 문제는 예수께서 바로 그 옆에 계셨다는 것이다. 예

수께서 우리의 보호를 필요로 하실까? 베드로는 예수께서 이 상황을 어떻게 다루기 원하시는지 묻지도 않는다. 그저 칼을 빼서 휘두를 뿐이다. "예수 그리스도를 위하여!"라는 명분으로 말이다. 이런 열심은 베드로 스스로의 열심이었고, 자기 힘을 의지한 열심이었다. 자아가 다루어지지 않은 사람은 이처럼 '나의 힘'을 의지한다. 심지어 하나님을 섬겨도 '나의 힘'으로 섬긴다.

많은 크리스천이 베드로처럼 칼을 빼어 든다. "나의 힘과 나의 능력을 주를 위해 휘두르리라!"라고 하며 마치 자신이 예수 그리스도를 구한(?) 영웅이라도 된 것처럼 생각한다. 예수께서 나를 구원하신 것이 아니라, 내가 예수를 구원한다니? 뭔가 이상하다. 자아를 사용하여 주를 섬긴 것이다. 이것이 베드로의 모습이었다. 그리고 우리의 모습이기도 하지 않은가?

(2) 끌면 끄는 대로 밀면 미는 대로 다니는 자

그런데 복음서의 마지막에 보면 전혀 다른, 낯선 베드로의 모습을 만나게 된다.

[요 21:17-18] 세 번째 이르시되 요한의 아들 시몬아 네가 나를 사랑하느냐 하시니 주께서 세 번째 네가 나를 사랑하느냐 하시므로

베드로가 근심하여 이르되 주님 모든 것을 아시오매 내가 주님을 사랑하는 줄을 주님께서 아시나이다 예수께서 이르시되 내 양을 먹이라 내가 진실로 진실로 네게 이르노니 네가 젊어서는 스스로 띠 띠고 원하는 곳으로 다녔거니와 늙어서는 네 팔을 벌리리니 남이 네게 띠 띠우고 원하지 아니하는 곳으로 데려가리라

"네가 나를 사랑하느냐?"라는 예수님의 질문에 근심하는 베드로의 모습이 보인다. "그럼요, 사랑하고 말고요! 저보다 믿음 좋은 사람이 어디 있습니까? 주님을 위해 칼도 빼어 들 수 있습니다!"가 아니라 근심하며 조심스럽게 대답한다. "아시지 않습니까…."

풀이 다 죽었다. 사실은 풀이 죽은 것이 아니라 자아가 죽은 것이다. 예수 그리스도를 세 번 부인한 자신의 모습 앞에서 자아가 부인된 것이다. '아, 나는 이런 존재구나! 이것이 내 본 모습이구나!'라고 베드로가 자아를 직면한 것이다.

이런 베드로를 향해 예수께서 예언하신다. "네가 젊어서는 스스로 띠 띠고 원하는 곳으로 다녔거니와 늙어서는 네 팔을 벌리리니 남이 네게 띠 띠우고 원하지 아니하는 곳으로 데려가리라!" 다시 말해 끌면 끄는 대로, 밀면 미는 대로 다니게 될 것이라고 말씀하신다. 자아가 부인된 모습이다.

칼을 빼어 휘두르던 베드로가 끌면 끄는 대로, 밀면 미는

대로 다니는 자로 변화된 것이 느껴지는가? 이 '느낌'을 기억하기 바란다. 자아가 살아있는 모습과 자아가 부인된 모습의 대비다. 십자가 앞에서 예수를 부인하는 자신의 모습을 보면서 베드로의 자아가 다루어진 것이다.

4. 어떻게 케노시스에 이르는가?

그렇다면 우리는 어떻게 자기를 부인하고 케노시스에 이를 수 있을까? 그것은 말씀과 현실 그리고 기도를 통해 가능해진다. 빌립보서 2장 7절은 이렇게 이야기한다.

> [빌 2:7] 오히려 자기를 비워 종의 형체를 가지사 사람들과 같이 되셨고

예수께서는 마음만 비우셨던 것이 아니라, 실제로 '종의 형체'가 되셨다. '권리를 취하지 말아야지'라고 그저 생각만 하신 것이 아니다. 그 생각이 정말 인간의 몸을 입으신 '하나님'이라는 형체를 가지게 되었다. 이 실체가 있어야 한다. 말씀이 주어지면 그 말씀 앞에 순종함으로써 이 말씀이 '형체'를 가지도록 선택해야 한다.

종의 형체를 가진다는 것은 구체적으로 '현실 – 직언 – 받아

들임(성찰함)'이라는 과정을 의미한다. 나의 자아의 현실이 드러나고, 교회 공동체에서 그 문제에 대해 조언하면 이제 선택해야 한다. 현실과 조언을 받아들이고 나의 자아의 문제를 가지고 기도의 자리에 나갈 것인가? 아니면 조언한 형제자매를 비난하거나 현실을 부정한 채 삐질 것인가?

이것이 종의 형체가 되는 것이다. 이 과정이 자아가 부인되는 실제 상황이다. 그리고 이것이 공동체의 중요성이다. 공동체 안에서만 말씀이 경험되고 자기가 비워져 종의 형체가 되는 실체를 살아낼 수 있다.

예를 들어 친구와 함께 잔치에 초대받았는데 친구만 귀빈석에 앉히고, 나는 마치 따라온 하인처럼 취급한다면 나의 반응은 어떨까? 이 상황에서 자신이 받는 느낌이 바로 나의 자아의 실체다.

진짜 자아의 실체는 '종의 형체'가 되어보는 순간에만 드러난다. 그리고 공동체는 이것을 드러나게 해준다. 함께 공동체로 살아갈 때 우리는 자아가 살아 움직이는 현실을 보게 된다.

자매를 질투하는 나

형제들의 조언에 기분 나빠하는 나

이해받지 못했다고 삐지는 나

내 생각대로 되지 않았다고 분노하는 나

내 생각과 다르다고 비판하는 나

내가 한 일을 알아주고 인정해주기 바라는 나

인정 안 해줄 때 서운해 하는 나

내 힘으로 할 수 있다고 믿는 교만한 나

소그룹으로 함께 생활하다보면 수도 없이 이런 나, 내 자아의 실체를 대면하게 된다. 바로 그때, 그 순간이 중요하다. 종의 형체를 가진다는 것은 이 부인되지 않은 내 자아의 모습을 인정하고 받아들이는 것이다. '그래. 나는 그런 존재야!' 이 사실을 인정하는 것이다. 다시 말해 종의 형체가 되는 것은 '현실-직언-받아들임(성찰함)'의 과정을 의미한다.

그런데 이것이 말처럼 쉽지 않다. 많은 경우 이 사실을 받아들이기보다 손가락으로 다른 방향을 가리킨다. "아니, 어떻게 나에게 그럴 수 있어?", "자기가 뭐라고 그렇게 말해?", "나에 대해 얼마나 안다고?", "자기가 더하면서? 나 참, 어이가 없어서!"라며 종의 형체가 되기를 거부한다.

머리로는 자아가 부인되어야 한다는 것을 안다. 예수를 따르려면 겸손해야 한다는 것을 머리로는 빠삭하게 안다. 그런데 막상 종의 형체가 되는 것은 거부한다. 이래서는 자아가 다루어질 수 없다. 자아가 다뤄지는 것은 이론이나 학습이 아니라 실제로 종의 형체가 되는 것이기 때문이다. 자신의 타락한 자아를 성찰하고 인정해야 한다.

그런데 현대 교회에서 이것이 어렵다. 오히려 "듣고 싶지 않은 말을 듣지 않을 권리"라는 교묘한 인권 논리로 심지어 다른 사람들을 비난한다. 나는 '좋은 사람', 교회와 형제들은 '나쁜 사람'으로 인식한다. 이것이 자아다. 자아가 살아있던 베드로는 심지어 예수님도 꾸짖었다!

종의 형체가 되어야 한다. 인정하기 싫고, 부끄럽고, 수치스러운 자리에 실제로 앉아보아야 한다. '아! 이것이 내 진짜 모습이구나!'라고 느끼고 인정해야 한다. 그럴 때 비로소 자아가 다루어지기 시작한다. 긴 탄식으로 세리의 기도를 드리기 시작한다. "주여, 불쌍히 여겨주십시오! 내게는 소망이 없습니다!" 이 기도와 함께 비로소 우리의 자아가 다루어지기 시작하는 것이다.

실제로 종의 형체가 되어보지 않은 사람의 신앙은 추상적이고 종교적일 뿐이다. 우리는 날마다 매일 종의 형체를 가져야 한다. 권리를 내려놓는 자아 비우기, 자기부인은 실제로 무언가를 경험하기 전에는 이뤄지지 않는다. 이론이나 머리로는 할 수 없다. 실제로 종의 형체를 가져봐야 한다. 그래야만 내 자아가 얼마나 교만한지 직시하게 된다. 공동체가 바로 내 자아를 대면하게 해주는 곳이다.

결론 : 종의 형체가 되라

오늘 당신은 어떤 '현실', 어떤 '자아'를 대면하고 있는가? 실
망스러운가? 오해라고 억울한가? 내 힘으로 할 수 없는 현실
앞에 좌절했는가? 자아의 현실이다. 종의 형체가 되기를 선택
하라. 그리고 세리의 마음으로 "하나님이여, 나는 당신의 은
혜가 필요합니다. 불쌍히 여겨주십시오! 나를 도와주십시오!"
라고 부르짖으라. 그때 성령께서 일하시기 시작한다. 우리의
자아를 부수시고, 하나님만이 하실 수 있는 일을 우리 안에,
그리고 내 삶에 행하신다. 이 놀라운 케노시스의 복을 누리길
축복한다.

chapter 06

순종의 케노시스

[빌 2:5-11] 너희 안에 이 마음을 품으라 곧 그리스도 예수의 마음이니 그는 근본 하나님의 본체시나 하나님과 동등됨을 취할 것으로 여기지 아니하시고 오히려 자기를 비워 종의 형체를 가지사 사람들과 같이 되셨고 사람의 모양으로 나타나사 자기를 낮추시고 죽기까지 복종하셨으니 곧 십자가에 죽으심이라 이러므로 하나님이 그를 지극히 높여 모든 이름 위에 뛰어난 이름을 주사 하늘에 있는 자들과 땅에 있는 자들과 땅 아래에 있는 자들로 모든 무릎을 예수의 이름에 꿇게 하시고 모든 입으로 예수 그리스도를 주라 시인하여 하나님 아버지께 영광을 돌리게 하셨느니라

빌립보서는 '기쁨'에 대한 책이다. 어떤 상황 속에서도 기쁨을 잃지 않았던 바울의 놀라운 비결이 기록되어 있다. 그리고 그 핵심은 '케노시스'다. 케노시스는 "낮춤, 비움"을 뜻한다. 예수께서도 자신을 낮추시고 비우셨다.

케노시스가 능력 있는 이유는 이렇게 자기를 부인하고 비울 때 우리 안에 성령께서 역사하시기 때문이다. 케노시스의 핵심은 '나'를 비우고 '하나님', '성령님'으로 그 빈 곳을 채우는 것

이다.

1. 순종의 십자가

지난 장에 이어 케노시스에 대해 살펴보자.

> [빌 2:8] 사람의 모양으로 나타나사 자기를 낮추시고 죽기까지 복
> 종하셨으니 곧 십자가에 죽으심이라

케노시스는 겸손으로 시작되는데, 겸손의 첫 번째 내용이 "자신을 비우는 자기부인"이었다면, 두 번째 내용은 "죽기까지 복종하는" 십자가의 순종이다. 사실 자기부인과 순종은 동전의 양면과 같다. 자신이 부인되지 않으면 순종할 수 없기 때문에 순종은 자기부인의 또 다른 표현이다. 그런 의미에서 겸손의 완성은 순종이다. 하나님께 죽기까지 복종함으로써 그 겸손의 마음이 진짜라고 하는 것을 증명하는 것이다.

왜 낮아져야 하냐고? 하나님께서 낮아지라고 하셨기 때문이다. 왜 모욕을 참아야 하냐고? 하나님이 그러라고 하셨기 때문이다. 왜 희생해야 하냐고? 하나님이 희생하라고 하셨기 때문이다.

(1) 순종을 통해 케노시스가 이루어진다

우리가 하는 모든 선택과 행동에는 분명한 이유가 있다. 그것은 순종이다. 하나님이 그렇게 하라고 하셨기 때문이다. 우리는 죽기까지 그 말씀에 순종할 뿐이다.

그것이 십자가다. 십자가란 나의 생각, 나의 욕심, 나의 원함, 나의 계획, 즉 자아를 모두 내려놓고, 하나님의 말씀에 전적으로 순종하는 것이다. 십자가야말로 우리가 믿는 복음의 정수(精髓)다.

예수 그리스도의 마음은 저절로 만들어지지 않는다. 그것은 순종으로 만들어진다. 자기를 비우고 죽기까지 순종하는 십자가를 선택할 때 비로소 우리 안에 예수 그리스도의 케노시스가 만들어진다.

이 순종을 통해 예수 그리스도의 케노시스가 만들어졌고, 예수 그리스도의 마음이 만들어졌고, 예수 그리스도의 영광이 만들어졌다.

(2) 십자가를 통해 영적인 일이 만들어진다

순종을 가볍게 여기지 말라. 영적인 일은 하나도 예외 없이 모두 순종을 통해 이루어지고 만들어진다. 구원도, 영적인 성숙도, 성품도, 사역의 열매도, 능력도, 영광도 모두 순종을 통해 만들어진다.

말씀에 순종해서 회개하고 예수를 믿을 때 구원이 이루어지고, 내 육신의 본성을 꺾고 하나님의 말씀에 순종하고 또 순종할 때 성품이 만들어지며, 영적인 성숙함에 이르게 된다.

사역의 열매도 순종할 때 맺게 되고, 하나님의 능력도 순종을 통해 나타나게 된다. 영적인 일은 모두 순종을 통해 이루어진다. 반대로 이야기하면 십자가를 통과하지 않은 것은 모두 육체의 일, 땅에 속한 일일 뿐이다. 죽기까지 복종하는 십자가가 영적인 세계로 들어가는 유일한 열쇠이며 문이다.

하나님의 본체이신 예수님조차
죽기까지 순종하는 십자가를 통해 사명을 완수하셨고,
예수님조차 십자가를 통해 우리를 구원하셨으며,
예수님조차 십자가를 통해 만유의 주(主)가 되셨고,
예수님조차 십자가를 통해 영광스럽게 되셨다.
예수님조차 십자가를 통과하지 않고
저절로 된 것이 하나도 없었다.
예수님도 이 모든 것을 십자가의 순종을 통해 이루셨다.

그래서 예수께서 십자가 위에서 "다 이루었다"고 말씀하셨다.

[요 19:30] 예수께서 신 포도주를 받으신 후에 이르시되 다 이루었다 하시고 머리를 숙이니 영혼이 떠나가시니라

예수 마음의 핵심은 십자가의 순종이다.

2. 십자가의 능력

우리는 모두 각자의 십자가를 져야 한다. 십자가를 통과하지 않은 것은 그 어떤 것도 영적인 영역에 속할 수 없다. 내 생각과 계획, 욕심과 원함을 내려놓고, 하나님의 말씀에 전적으로 순종하는 십자가를 통과하지 않고서는 영적인 영역으로 들어갈 수 없다.

모양은 그럴듯할 수 있다. 대단한 사역을 하는 것처럼 보일 수도 있고, 큰 구제를 하는 것처럼 보일 수도 있고, 심지어 영적인 거장으로 보일 수도 있다. 그러나 그 모든 것이 자기를 부인하고 하나님께 순종하는 케노시스의 십자가를 통과한 것이 아니라면 자아의 생각과 혼의 만족을 위한 교묘한 위장술일 뿐이다. 그저 자기자신을 높이기 위한 술책일 뿐, 하나님을 위한 영적인 일은 아니다.

사람을 속일 수 있을지 모른다. 심지어 자기자신도 속을 수 있다. 그러나 하나님은 속지 않으신다. 당신의 섬김과 봉

사는 순종의 열매인가? 아니면 스스로의 만족을 위한 행동인가? 하나님은 아신다.

그렇다면 십자가에는 구체적으로 어떤 능력이 있을까?

(1) 십자가만이 우리를 영화롭게 한다
첫째, 빌립보서 2장 9절은 이렇게 이야기한다.

> [빌 2:9] 이러므로 하나님이 그를 지극히 높여 모든 이름 위에 뛰어난 이름을 주사

십자가를 질 때, 즉 자신의 욕망과 생각을 내려놓고 하나님의 말씀에 순종할 때 하나님께서 우리를 높이신다. 십자가를 지신 예수를 지극히 높이셨듯이 말이다.

십자가를 질 때 우리는 하늘에서 큰 자가 된다. 하늘에서 큰 자와 땅에서 큰 자는 다르다. 땅에서 큰 자는 보이는 열매를 많이 맺은 사람들이다. 대기업 총수, 노벨상 수상자, 국회의원이나 대통령, 눈에 보이는 열매들을 많이 맺은 사람들이 땅에서 큰 자다.

그러나 하늘에서 큰 자는 다르다. 하나님께서는 보이는 열매에 그다지 주목하지 않으신다. 하나님께서 주목하시는 것은 보이지 않는 열매다. 그것은 자신을 비우고 죽기까지 순종

하는 것, 곧 십자가에 죽기까지 하신 것이다. 보이지 않는 '내면의 열매'를 많이 맺는 자가 하늘에서 큰 자다. 하나님께서 관심 있으신 것은 우리의 '마음'이기 때문이다.

(2) 십자가를 질 때 영적 권위가 부어진다
둘째, 십자가를 질 때 영적인 권위가 부어진다.

[빌 2:10] 하늘에 있는 자들과 땅에 있는 자들과 땅 아래에 있는 자들로 모든 무릎을 예수의 이름에 꿇게 하시고

하나님께서는 십자가를 진 예수의 이름 앞에 '하늘에 있는 자들'과 '땅에 있는 자들'과 '땅 아래 있는 자들'의 모든 무릎을 꿇게 하셨다.

십자가를 질 때 그곳에 영적인 권위가 부어진다. 그리고 영적인 권위는 능력으로 나타난다. 권위란 다스리는 능력, 움직이게 하는 능력이다. 마치 사단장에게 사단을 다스릴 '권위'가 있기 때문에, 그가 명령하면 전 부대가 움직이는 것처럼 말이다.

하나님의 말씀에 순종하여 자기를 부인하고 십자가를 질 때, '하늘'과 '땅'과 '땅 아래'를 다스리고 움직일 수 있는 권위, 즉 능력이 주어진다. '땅 아래 있는 자들'이란 마귀 사탄을 의

미하고, '하늘에 있는 자들'은 천사를 의미한다. 그리고 '땅에 있는 자들'이란 우리가 살아가는 이 세상을 일컫는다. 자기를 비워 죽기까지 순종하여 십자가를 질 때, 마귀 사탄이 굴복하고, 하늘의 천사가 부복(俯伏)한다. 그뿐만 아니라 우리가 살아가는 이 땅에서도 승리하며 살아가게 된다. 이것이 십자가의 능력이다.

왜 예수를 믿어도 내 삶에 능력도 권위도 없을까? 십자가가 없기 때문이다. 순종이 없기 때문이다. 내 마음이 순종 대신 자아로 가득할 때는 그저 이 땅을 살아가는 육적인 존재 그 이상이 될 수 없다. 영적인 권위가 부어지지 않으니 하늘을 움직일 수도, 땅 아래에 명할 수도 없다. 마귀를 대적해도 힘이 없고, 기도해도 응답이 더디다. 기도하면서도 확신이 없다.

영적 권위가 없는 사람의 특징이다. 그저 육의 생명을 살아갈 뿐이다. 십자가가 없는 인생이다. 하나님께 순종하기 위해 포기한 것도, 주(主)를 위해 희생한 것도 없다. 그리고 거기에는 당연히 권위도 능력도 없다. 그저 종교의 삶을 살 뿐이다.

(3) 십자가만이 하나님께 영광을 돌린다

셋째, 십자가만이 하나님께 영광을 돌린다.

[빌 2:11] 모든 입으로 예수 그리스도를 주라 시인하여 하나님 아

버지께 영광을 돌리게 하셨느니라

'영광'이란 "하나님의 뜻이 창조세계에 이루어지는 것"을 의미한다. 영광의 원어적 의미는 '반사'(reflection)다. 하나님의 속성이 이 땅에 반영되고 반사되어 나타날 때, 그것을 영광이라고 부른다.

우리는 너무 쉽게 우리의 세상적인 성공을 '하나님께 영광'이라는 표현으로 호도한다. 사업이 번창하면 '하나님께 영광'이라 말하고, 좋은 대학에 합격하면 '하나님께 영광'이라고 한다. 교인의 숫자가 늘어나면 '하나님께 영광'이라 말하기도 하고, 교회 건물을 크게 건축하면 '하나님께서 영광을 받으신다'고 생각하기도 한다. 그런데 이런 것들이 진정 하나님을 반영하는 영광일까?

하나님께 영광을 돌린다는 것은 무엇일까? 그 본질은 단순하고 명백하다. 그것은 이 땅에서 하나님의 뜻이 이루어지는 것이다. 우리의 순종을 통해서 말이다! 그렇기 때문에 하나님께서 영광을 받으시는 것은 우리의 외적인 성공이나 업적과는 직접적인 관계가 없다. 심지어 교회를 크게 부흥케 하는 것도 하나님께 영광이 아닐 수 있다. 하나님께 영광을 돌리는 것은 보이는 것들이 아니기 때문이다.

하나님께 돌려지는 영광은 철저히 우리 내면에서부터 시작되는 보이지 않는 내적 태도다. 자신을 비우고 죽기까지 순종하는 십자가의 태도 말이다. 우리 내면에는 타락한 자아가 있다. 자아의 원함이 있고, 자아의 욕구가 있고, 자아의 계획이 있고, 자존심이 있고, 고집이 있다. 그런데 이 자아의 생각을 거슬러 그 자존심과 고집을 하나님 앞에서 꺾고, 하나님의 말씀에 순종할 때 하나님께서는 영광을 받으신다. 하나님의 뜻이 이 땅에서 이루어졌기 때문이다!

사람들은 모를 수 있다. 보이는 것이 없으니까! 화려한 성공도, 대단한 업적도, 치유나 기적도 없을 수 있다. 하나님께서 영광을 받으시는 것은 보이는 어떤 것을 통해서가 아니다. 하나님이 능력이 없으셔서, 큰 건물 지을 능력이 없으시고, 큰 성공을 이룰 역량이 안 되셔서, 우리의 성공과 건물에 감격하고 영광을 받으시겠는가? 하나님은 그런 하찮은 것들을 통해서 영광을 받으시는 분이 아니다.

하나님께서는 우주에서 가장 존귀한 존재, 하나님의 형상으로 창조된 유일한 존재인 인간이 스스로 자아를 꺾고 하나님께 순종할 때 영광을 받으신다. 그 순종이 하나님의 어떠하심을 이 땅에 나타내고 반영(reflect)하는 '영광'이기 때문이다. 그렇게 하나님은 예수님을 통해서 영광을 받으셨다.

꼭 살아나야만 영광이 아니고, 꼭 성공해야만 영광이 아니다. 교회가 크게 성장해야만 영광이 아니고, 꼭 좋은 대학에

가고, 좋은 직장에 다녀야만 영광이 아니다. 예수께서는 십자가에서 죽으셨다. 화려함이 전혀 없으셨다. 보이는 성공도 전혀 없었다. 예수께서는 죄수로 낙인찍혀 십자가에서 비참하게 죽으셨다. 사람들의 눈에는 가장 치욕스럽고 별 볼 일 없는 인생이었다. 그런데 하나님께서는 그런 예수를 통해 영광을 받으셨다! 예수의 마음으로 인해서 말이다!

보이지는 않지만, 하나님 앞에서 죽기까지 순종하셨던 그 예수의 마음! 그 마음이 하나님께 영광을 돌렸다! 아버지의 뜻이 이 땅에서 이루어졌기 때문이다! 우리 안에서 일어나는 순종, 하나님을 향한 사랑과 헌신이 하나님이 받으시는 진짜 영광이다.

(4) 십자가만이 크고 위대하다

우리는 하나님이 크게 생각하시는 것을 작게 생각하고, 하나님이 작게 생각하시는 것을 크게 생각하곤 한다. 이것이 성경이 말하는 타락이다. 하나님이 정하신 가치를 인정하지 않고 인간 스스로 가치를 정한 것이다.

사람들은 십자가를 하찮게 생각하고 비웃지만, 하나님께 십자가는 위대한 것이다. 십자가야말로 하나님을 이 땅에 계시하는 '영광'이다. 모든 능력과 권리가 있지만 스스로 자신을 비워 이웃을 위해 희생하고 하나님을 위해 죽는 것, 이것이 가장 크고 위대한 가치다.

  오직 십자가만이 우리를 영적인 영역으로 인도하고, 오직 십자가만이 우리를 영화롭게 한다. 오직 십자가만을 하나님께서 인정하시며, 오직 십자가만이 하나님께 영광을 돌린다. 오직 십자가만이 우리에게 영적인 능력을 주며, 하늘과 땅, 땅 아래에 있는 모든 것들의 무릎을 꿇게 한다. 십자가의 위대한 삶을 살기를 축복한다.

3. 어떻게 순종의 마음을 가질 수 있는가?

그렇다면 어떻게 순종의 마음을 가질 수 있을까? 결론부터 이야기하면 그것은 나의 의지적인 결단에서 시작된다. 완성되려면 성령의 도우심이 필요하지만, 시작은 의지적 결단이다.

  하나님께서는 우리에게 스스로 선택할 수 있는 자유를 주셨다. 당신은 선택할 수 있다. '어쩔 수 없어'라는 사탄의 거짓말에 속지 말라. 당신은 순종할 수 있다. 당신 안에 성령께서 거하시기 때문이다. 순종은 당신의 선택이다. 순종하기를 결단하라. 성령께서 도우실 것이다. 그런데 빌립보서 2장 8절을 자세히 들여다보면 순종이 좀 더 수월하도록 도와주는 순종을 위한 팁을 발견하게 된다.

(1) 낮은 곳에 마음을 두라

[빌 2:8] 사람의 모양으로 나타나사 자기를 낮추시고 죽기까지 복종하셨으니 곧 십자가에 죽으심이라

예수께서 죽기까지 복종하셨는데 그 전에 먼저 자기를 "낮추셨다"고 한다. 여기서 '낮추다'는 헬라어로 '타페이노오'(ταπεινόω)인데, 이는 "내리누르다, 굴욕을 주다, 낮추다"라는 의미다. 이 단어가 누가복음 14장에서도 사용된다.

[눅 14:10-11] 청함을 받았을 때에 차라리 가서 끝자리에 앉으라 그러면 너를 청한 자가 와서 너더러 벗이여 올라 앉으라 하리니 그 때에야 함께 앉은 모든 사람 앞에서 영광이 있으리라 무릇 자기를 높이는 자는 낮아지고 자기를 낮추는 자는 높아지리라

여기서 타페이노오는 일부러 높은 자리를 피하고 말석에 가서 앉는 것을 의미한다. 예수께서 자신을 낮추셨다는 것은 의지적이고 실제적으로 영광의 자리를 피하신 것을 의미한다. 주목받고 영광받는 자리를 일부러 피하여 아무도 알아주지 않는 곳에 거하며, 풍족한 삶을 피하고 검소한 삶을 선택하신 것이다. 이것이 낮추는 것이다.

또한 빌립보서 4장 12절에서는 타페이노오를 이렇게 사용한다.

[빌 4:12] 나는 비천에 처할 줄도 알고 풍부에 처할 줄도 알아 모든 일 곧 배부름과 배고픔과 풍부와 궁핍에도 처할 줄 아는 일체의 비결을 배웠노라

의지적으로 '비천한 곳, 비루한 곳, 가난한 곳'에 자신을 두는 것! '멸시받고 모욕받는 곳'에 자신을 두는 것! 이것이 타페이노오, 낮추는 것이다.

마태복음 18장 4절에서도 타페이노오를 사용한다.

[마 18:4] 그러므로 누구든지 이 어린아이와 같이 자기를 낮추는 사람이 천국에서 큰 자니라

타페이노오는 어린아이와 같이 되는 것이다. 어린아이같이 자신을 낮춘다는 것은 어떤 공직도, 명함도, 학벌도, 인맥도 내세울 것이 없는 것을 의미한다. 어린아이가 그렇지 않은가. 어린아이는 명함에 적을 것이 아무것도 없다. 이처럼 내세울 만한 것이 있어도 마치 아무것도 없는 어린아이처럼 그것을 감추는 것이다. 자신에게 아무것도 없는 듯이 행동하는 것

이다.

　종합해보면 타페이노오는 의지적이고 실제적으로 낮은 자리에 자신을 두는 것이다. 그렇게 할 때 천국에서 '큰 자'가 되는 영광이 있다.

　그리고 낮추는 것이 순종에 도움이 된다. 일단 '자리'가 낮아지면, '마음'이 높아지는 것을 막는 데 도움이 된다. 가난하고 초라한 곳에 있다보면, '그래도 내가 누군데!'라는 교만한 마음이 수그러든다. 하나님의 작은 은총에도 감사하게 된다. 반대로 높고 화려한 곳에 있으면 마음도 쉽게 높아진다. 우리 마음은 보이는 것에 영향을 받기 때문이다. '그래도 내가 누군데! 나는 적어도 이 정도의 사람이야!'라며 마음이 높아진다. 마음이 높아지는 순간, 순종이 어려워진다.

　그렇다. 순종이 어려운 이유 중 하나는 우리 마음이 너무 높은 곳에 있기 때문이다. 높은 자리에 앉은 나를 볼 때, 부유하고 화려한 삶을 살고 있는 나를 볼 때, 사람들이 인정해주고 박수해주는 나를 볼 때 내 안에 자아가 강화된다. '나는 이 정도의 사람이야!'라는 자아! 이것이 자기를 부인하기 힘들게 하고 순종을 방해한다.

　높은 자리는 마음을 높아지게 하고, 높아진 마음은 자아를 강화한다. 그리고 강화된 자아는 순종을 어렵게 만든다. 낮은 곳에 거하기를 힘쓰라. 중세 수도승들이 화려한 자리를 피해 단순한 삶을 살았던 것은 마음을 다스리기 위함이었다. 이는 순종에 큰 도움이 된다.

삶의 수준을 어느 선에서 고정하고, 그 이상 올리지 말라. 오른손이 하는 일을 왼손이 모르게 하라. 상석에 앉지 말고 말석에 앉아라. 사람들의 칭찬과 인기를 경계하라. 사람들이 알아주고 칭찬하면 부담스러워하라. 순종에 도움이 될 것이다. 높은 곳에 마음을 두면 순종이 어려워지지만, 낮은 곳에 마음을 두면 순종이 쉬워진다.

(2) 성령님께 도움을 구하라

그리고 성령님께 도움을 구하라. 예수께서는 십자가를 앞두고 다음과 같이 기도하셨다.

[마 26:39] 조금 나아가사 얼굴을 땅에 대시고 엎드려 기도하여 이르시되 내 아버지여 만일 할 만하시거든 이 잔을 내게서 지나가게 하옵소서 그러나 나의 원대로 마시옵고 아버지의 원대로 하옵소서 하시고

예수께서도 십자가의 순종을 앞두고 하나님께 기도하셨다. 도움을 구하셨다. 그리고 이 기도가 예수님을 십자가의 순종으로 이끌었다.

우리에게는 돕는 분이 계신다. 우리는 비록 연약하고, 우리의 의지는 비록 박약하지만, 우리에게는 돕는 분이 계신다! 바로 우리 안에 거하시는 성령님이시다! 그분께 도움을 구할 때, 성령께서 우리 마음에 역사하셔서 우리가 하나님께 순종하도록 도우신다! 이것이 은혜다.

교만한 사람은 기도하지 않는 사람이며, 겸손한 사람은 기도하는 사람이다. 내가 스스로 할 수 없다는 사실을 알기 때문이다.

케노시스의 두 번째 핵심은 '순종'이다. 순종함으로써 우리는 영적인 삶을 살게 된다. 이 땅이 아니라 하늘에서 큰 자들이 되길 축복한다.

PART 3

케노시스
프로젝트

K E N O S I S

chapter 07

인간개조 프로젝트

[빌 2:12-18] 그러므로 나의 사랑하는 자들아 너희가 나 있을 때뿐 아니라 더욱 지금 나 없을 때에도 항상 복종하여 두렵고 떨림으로 너희 구원을 이루라 너희 안에서 행하시는 이는 하나님이시니 자기의 기쁘신 뜻을 위하여 너희에게 소원을 두고 행하게 하시나니 모든 일을 원망과 시비가 없이 하라 이는 너희가 흠이 없고 순전하여 어그러지고 거스르는 세대 가운데서 하나님의 흠 없는 자녀로 세상에서 그들 가운데 빛들로 나타내며 생명의 말씀을 밝혀 나의 달음질이 헛되지 아니하고 수고도 헛되지 아니함으로 그리스도의 날에 내가 자랑할 것이 있게 하려 함이라 만일 너희 믿음의 제물과 섬김 위에 내가 나를 전제로 드릴지라도 나는 기뻐하고 너희 무리와 함께 기뻐하리니 이와 같이 너희도 기뻐하고 나와 함께 기뻐하라

1. 마음이 변했다면 행동도 바꾸어야 한다

복음은 한마디로 '인간개조 프로젝트'라고 할 수 있다. 타락한 인간을 '새로운 피조물'로 개조하는 것이 복음이다. 먼저는

성령이 임하심으로 우리의 '영'이 새로워지고, 새로워진 영이 우리의 혼, 우리의 마음을 변화시킨다.

성령이 임하셔서 하나님을 향한 갈망을 부어주시면, 우리 혼(마음)이 예수의 마음을 닮아가게 된다. 그리고 이 새로워진 마음은 구체적인 삶의 실천, 즉 행위로 나타나 이웃과의 새로운 관계가 시작된다.

복음은 영혼육에 걸친 총체적 변화를 통해 새로운 피조물이 되는 것이다. 복음은 예전과는 다른 '새로운 피조물'이 되는 총체적 인간개조 프로젝트인 것이다.

[고후 5:17] 그런즉 누구든지 그리스도 안에 있으면 새로운 피조물이라 이전 것은 지나갔으니 보라 새 것이 되었도다

"그러므로"로 시작되는 빌립보서 2장 12절은 앞의 내용과 이어지고 있다. 빌립보서 2장 5-11절이 예수 그리스도의 마음을 품는 '마음의 변화'에 대한 이야기였다면 이어지는 빌립보서 2장 12-18절은 케노시스의 마음을 품는 것의 귀결이자 이렇게 행하라는 '실천적 행위'에 대한 구체적인 권면이다.

성령이 임하시면 마음의 변화가 일어나고, 마음의 변화에는 반드시 실천적 행위가 따른다. 성경은 이렇게 이야기한다.

[약 2:20] 아아 허탄한 사람아 행함이 없는 믿음이 헛것인 줄을 알고자 하느냐

[약 2:26] 영혼 없는 몸이 죽은 것같이 행함이 없는 믿음은 죽은 것이니라

행함이 없으면 그것은 진짜 믿음이 아니라는 것이다. 그렇다면 예수님의 마음을 품은 사람의 실천적 삶의 모습들은 어떤지 살펴보자.

2. 순종이 없다면 미완성이다

[빌 2:12] 그러므로 나의 사랑하는 자들아 너희가 나 있을 때뿐 아니라 더욱 지금 나 없을 때에도 항상 복종하여 두렵고 떨림으로 너희 구원을 이루라

첫 번째 실천적 규범은 '복종' 또는 '순종'이다. 참된 구원은 우리 마음에 변화를 일으키는데 그 변화는 하나님께 순종하는 모습으로 나타난다.

순종은 구원의 중요한 징표다. 더욱 흥미로운 것은 이 순종

을 통하여 구원을 이룬다는 것이다. 여기서 '이루다'의 원어는 "완수하다, 마치다"의 의미를 지닌다. 즉 순종함을 통해 구원을 완수하고 이루라는 것이다. 성경은 구원의 마침, 구원의 완수는 순종을 통해 이루어진다고 말한다. 구원의 확신이 있고, 성령을 체험하고, 온갖 은사를 받았어도, 삶 속에 '순종'이 없으면 구원은 '미완성'이다.

3. 순종함으로 구원? 믿음으로 구원?

순종이 없으면 구원이 미완성이라고? 구원은 믿음으로 받는 것 아니었던가? 그렇다. 구원은 믿음으로 받는다. 하지만 구원은 참으로 신비하다. 믿음으로 구원에 이르지만, 그 완성은 순종을 통해 이루어진다.

그래서 구원을 칭의, 성화, 영화의 3단계로 설명한다. 의롭다고 칭하여주시는 '칭의'는 오직 믿음으로 이루어지지만, 예수를 닮아가는 '성화'는 순종을 통해 이루어진다. 그렇더라도 행함이 없는 믿음은 헛것이라는 야고보서 말씀은 어떻게 이해해야 할까? 믿음이 헛것인데, 칭의는 괜찮은 것일까?

(1) 칭의

이것을 이해하기 위해서는 영혼육의 구원을 총체적으로 살펴보아야 한다. 먼저 영적인 차원에서 구원을 살펴보자. 영적인 차원에서의 구원은 "그리스도의 영이 우리 안에 거하시는 것"이다. 그리스도의 영이 없으면 그리스도의 사람이 아니니까 말이다.

[롬 8:9] 만일 너희 속에 하나님의 영이 거하시면 너희가 육신에 있지 아니하고 영에 있나니 누구든지 그리스도의 영이 없으면 그리스도의 사람이 아니라

그리스도의 영이 우리 안에 거하심으로써 우리가 그리스도의 의(義)를 덧입는다. 그리고 그 결과 하나님께서 우리를 의롭다고 칭해주시는데, 이것을 '칭의'라고 부른다.

이 영적인 차원에서의 구원은 중간이 없다. 오(O) 아니면 엑스(X)다. 성령이 우리 안에 거하시면 거하시는 것이고, 아니면 아닌 것이다. 애매한 중간 상태는 없다. 이처럼 칭의는 오엑스(OX)의 문제다. 구원을 받았으면 받은 것이고 아니면 아니지, 70퍼센트 구원 뭐 이런 애매한 중간은 없다.

그렇다면 성령이 우리 안에 거하시면 무슨 일이 일어날까? 이를 이해하기 위해서는 '영'에 대한 이해가 선행되어야 한다. 성경은 그리스도의 영 외에도 다른 영들이 존재한다고 이야기한다.

[고전 2:12] 우리가 세상의 영을 받지 아니하고 오직 하나님으로부터 온 영을 받았으니 이는 우리로 하여금 하나님께서 우리에게 은혜로 주신 것들을 알게 하려 하심이라

성령 외에도 세상의 영, 적그리스도의 영, 종의 영 등 다른 영들이 존재한다. 그렇다면 영이란 무엇인가? 영은 인간을 인간 되게 하는 가장 근원적인 생명인데 그 본질은 '갈망'이다. 영은 우리 안에 갈망(원함)을 일으킨다.

맘몬의 영은 돈에 대한 갈망을 일으키고, 음란의 영은 음란에 대한 갈망을, 세상의 영은 세상 것에 대한 갈망을 일으킨다. 그리고 성령은 우리 안에 하나님과 하나님의 나라에 대한 갈망이 일어나게 한다.

이 갈망이 인생의 의미를 결정하고, 인생의 의미가 행복을 결정한다. 갈망하는 것을 이루는 것이 인생의 의미이며 그것이 이루어졌을 때 느끼는 감정이 행복이다. 그런 의미에서 영은 "인간을 인간 되게 하는 가장 본질적인 생명"이라 할 수 있다. 영이 없는 인간을 상상해보라. 아무 갈망도 없는 인간은 껍데기 인형에 불과할 것이다.

그렇다면 성령이 우리 안에 거하시면 무슨 일이 일어날까? 그렇다. 우리 안에 하나님에 대한 갈망, 소원이 일어나게 된다. 이것이 영의 구원, 즉 칭의인데, 이는 앞서 이야기했듯이 오

엑스(OX)의 문제다. 갈망이 있으면 있는 것이고, 없으면 없는 것이다. 이것이 빌립보서 2장 13절의 말씀이다.

[빌 2:13] 너희 안에서 행하시는 이는 하나님이시니 자기의 기쁘신 뜻을 위하여 너희에게 소원을 두고 행하게 하시나니

우리 안에서 행하시는 성령 하나님은 '자기의 기쁘신 뜻'을 위해서 우리 안에 '소원'을 둔다. 다른 말로는 '갈망'을 두고 행하게 하신다는 것이다. 즉, 하나님의 기쁘신 뜻을 소원하고 갈망하는 마음을 우리에게 주신다는 것이다. 이것이 우리 안에 거하시는 성령께서 하시는 일이다.

(2) 성화

그러나 '혼'(마음)은 조금 다르다. 빌립보서 2장 5절에서 살펴보았듯이 마음의 구원은 예수 그리스도의 마음을 닮아가는 것인데, 이것은 오엑스(OX)의 문제가 아니다. 100퍼센트 예수의 마음을 품은 사람은 예수님밖에 없다. 그러니 그리스도 예수의 마음을 품는 것에는 '농도'가 있으며 '과정'이 필요하다. 성령이 임하심으로써 구원을 받으면 '원함'(갈망 혹은 소원)은 부어진다. 그러나 원함이 있다고 해서 타락한 인간의 마음이 한순간에 예수의 마음과 똑같아지지는 않는다.

마음에 원함이 있다고 해서 그 원함대로 다 행하고 있는가? 그렇게 되지 않는 것이 타락한 우리의 마음이다. 그렇기에 성령이 임하시고 소원함이 부어져도 실제로 예수의 마음으로 변해가는 것은 오랜 시간에 걸쳐 점진적으로 이루어지는 과정이다. 이것을 '성화'라 부른다.

마지막으로 '육'의 구원은 하나님의 말씀대로 살아가는 '실천적 행위'다. '순종'이다. 그리고 이 순종의 실천적 행위는 마음이 얼마나 성숙해졌느냐에 따라 다르게 나타난다.

그러므로 천국과 지옥을 가르는 칭의 차원의 구원은 '영'에 의해 결정되지, 행위(순종)에 의해 결정되지 않는다. 하나님께서 의롭다 칭하신 거듭난 사람이라 해도 충분히 성화되지 못했다면 불순종할 수 있다. 그렇기에 순종의 행위가 구원의 조건은 아니다.

(3) 갈망

그러나 만약 어떤 사람이 '반복적'으로 불순종한다면 어떨까? 또는 예수 믿고 오랜 시간이 흘러도 전혀 변화되지 않는다면 어떨까? 이건 좀 생각해보아야 한다. 이것은 성숙 미성숙의 문제가 아니라 원함과 갈망의 문제일 가능성이 크기 때문이다. 사람은 정말 원하는 갈망이 있으면, 결국에는 그것을 한다. 반복적으로 그렇게 하지 않는다면 그것은 갈망이 없다는 의미다.

나의 오랜 친구 윤 목사님은 국물을 정말 좋아한다. 어느 날 내게 물으셨다. "고 목사님, 국물 좋아하세요?" 나는 별생각 없이 대답했다. "네, 먹어요. 싫지 않아요!" 그렇지만 결정적인 차이가 있다. 윤 목사님은 오늘 국물을 못 드셨다면 내일 반드시 드신다는 것이다. 내일이 안 되면 모레, 모레 안 되면 일주일 후라도 반드시 국물을 드신다. 이것이 갈망이다! 갈망이 있으면 한두 번 못할 수는 있어도 꾸준히 반복적으로 못할 수는 없다. 그러나 나는 다르다. 일주일간 국물을 못 먹어도 아무 문제가 없다. 한 달? 아무 문제 없다. 무슨 의미일까? 그렇다. 영(?)이 다른 것이다! 내게는 국물의 영(?)이 없다.

만약 어떤 사람이 반복적으로 불순종하거나 오랜 시간이 흘러도 전혀 변화가 없다면, 그것은 예수의 마음 닮기를 원하지 않는다는 뜻이다. 성숙 미성숙의 문제가 아니라 영이 다른 것이다.

하나님과 하나님나라가 아닌 다른 무언가를 갈망하게 하는 영이 그 마음에 있는 것 아닐까? 그렇기에 이것은 구원 자체를 점검해보아야 하는 '칭의'의 문제가 된다. 이것이 야고보서가 이야기하는 '헛된 믿음'이다.

그러므로 반복적인 불순종은 없는지, 오랜 시간 변화가 없는 '영적 정체'는 없는지 반드시 돌아보아야 한다. 혹시라도 당신에게 그런 현상이 발견된다면, 심각하게 마음을 살펴라. 마음을 깊이 들여다보라. 진짜 원하고 갈망하는 것이 무엇인지 살펴라. 그것이 당신 안에 있는 영이다.

[고전 2:12] 우리가 세상의 영을 받지 아니하고 오직 하나님으로부터 온 영을 받았으니 이는 우리로 하여금 하나님께서 우리에게 은혜로 주신 것들을 알게 하려 하심이라

고린도전서 2장 12절에서 이야기하는 '세상의 영'은 세상에 속한 것을 갈망하는 영이다. 당신이 갈망하는 것은 이 땅에 속한 세상의 것인가? 아니면 하늘에 속한 하나님의 것인가? 이것이 당신 안에 거하는 영의 실체다.

실수? 할 수 있다. 불순종? 사람이 연약한데 당연히 할 수 있다. 그러나 진짜 원하는 것이 무엇인지는 속일 수 없다. 비록 사람은 속일 수 있어도 하나님은 속일 수 없다. 성령이 거하는 사람은 하나님과 하나님나라를 갈망하기 때문이다.

(4) 구원의 완성

순종을 가볍게 생각하지 말라. 순종은 '구원의 조건'은 아닐지 몰라도 '구원의 완성'이다. 순종을 통하여 우리는 온전한 구원에 이르게 된다. 이것이 구원의 마지막 단계인 '영화'로 들어가

는 과정이다.

앞서 살펴보았듯이, 우리는 순종을 통하여 영적인 권위와 영광을 얻게 된다. 천국의 상급도, 영화로운 영광도 모두 순종을 통하여 주어진다.

순종은 생각보다 중요하다. '어떻게든 천국만 가면 돼!'라고 가볍게 생각하지 말라. 바울은 '두렵고 떨림으로' 구원을 이루라고 했다. 결코 가볍게 생각할 일이 아니다. 두렵고 떨려야 할 일이다. 순종은 두렵고 떨려야 할 이슈다.

순종하지 못했을 때, 두렵고 떨리는가? 쉽게 합리화하고 넘어가지는 않는가? 이것이 당신의 미래를 결정한다. 더 나아가 천국을 결정하고, 당신이 어떤 존재가 될 것인지를 결정한다. 영화로운 존재가 될 것인지, 그렇지 못한 존재가 될 것인지를 말이다.

4. 하나님 앞에서의 순종

순종에 있어 기억해야 할 또 다른 성경의 명령은 '항상' 순종하라는 것이다. 바울은 '항상' 복종하라고 명한다. "나 있을 때뿐 아니라 더욱 지금 나 없을 때에도" 항상 복종하라고 말한다.

순종은 사람들의 눈치 때문에 하는 것이 아니다. 사람의 인정을 의식하거나 혼나는 것이 두려워서 하는 순종은 하나님 앞에서의 순종과는 다르다. 영에서부터 나온 순종이 아니기 때문이다.

소원과 갈망은 다른 데 있는데, 사람의 눈치를 보느라 억지로 순종한다고? 그것은 결국 영이 다르다는 뜻인데 그 행위가 하나님 앞에서 무슨 의미가 있을까? 순종은 하나님 앞에서만 의미가 있다. 바로 이것이 '항상'의 의미다. 하나님은 '항상', '어디나' 계시기 때문이다.

물론 사람에게 순종하는 것도 필요하다. 성경은 위에 있는 지도자에게 순종하라고 가르친다. 그러나 그 '동기'는 사람이 아니라 하나님 때문이어야 한다.

[롬 13:1] 각 사람은 위에 있는 권세들에게 복종하라 권세는 하나
님으로부터 나지 않음이 없나니 모든 권세는 다 하나님께서 정하
신 바라

즉, 참된 순종은 '항상' 순종하는 것이다. 보는 사람이 있든지 없든지 순종하는 것이다. 사람이나 환경에 의해서 달라지지 않는다. 꾸준하고 한결같이 순종하기를 원하기 때문이다. 그것이 내 안에 계신 성령님의 갈망이다! 할렐루야!

5. 소원을 두고 행하게 하심

[빌 2:13] 너희 안에서 행하시는 이는 하나님이시니 자기의 기쁘신 뜻을 위하여 너희에게 소원을 두고 행하게 하시나니

13절은 '순종의 동기'에 대해 이야기한다. 사람의 복종과 순종에는 동기와 이유가 있다. 맞을까봐 복종하기도 하고, 두려워서 순종하기도 한다. 그런데 참된 순종은 내적 동기가 중요하다. 그리고 그 동기는 하나님께서 우리 안에 두신 소원, 갈망이다.

억지로 하는 것은 순종이 아니다. 순종은 하나님께서 우리에게 그렇게 하고 싶은 마음을 두시고, 그 마음의 소원을 따라 행하게 하시는 것이다. 이것이 '영'이다!

순종은 영에서 시작된다. 물론 이 갈망을 실천으로 옮기는 데는 의지적 결단이 필요하지만, 그 시작은 성령께서 주시는 갈망이다. 그렇다. 성령을 받은 자는 정확히 그렇다. 하나님의 기쁘신 뜻을 너무너무 행하고 싶다! 물론 우리 안에는 이 소원과 더불어, 이 소원에 저항하는 타락한 마음이 공존한다. 바울은 이렇게 이야기한다.

[롬 7:18-23] 내 속 곧 내 육신에 선한 것이 거하지 아니하는 줄을

아노니 원함은 내게 있으나 선을 행하는 것은 없노라 내가 원하는 바 선은 행하지 아니하고 도리어 원하지 아니하는 바 악을 행하는도다 만일 내가 원하지 아니하는 그것을 하면 이를 행하는 자는 내가 아니요 내 속에 거하는 죄니라 그러므로 내가 한 법을 깨달았노니 곧 선을 행하기 원하는 나에게 악이 함께 있는 것이로다 내 속사람으로는 하나님의 법을 즐거워하되 내 지체 속에서 한 다른 법이 내 마음의 법과 싸워 내 지체 속에 있는 죄의 법으로 나를 사로잡는 것을 보는도다

내 안을 들여다보니 성령께서 계시기 때문에 '원함'이 분명히 있더라는 것이다. 하나님을 향한 소원은 있다. 그런데 내 속에 또 다른 법이 공존하는데, 그것은 악을 행하기 원하는 불순종의 마음, 즉 죄의 법이다. 순종은 바로 이 싸움이다.

순종은 우리가 소원하는 것을 행하는 것이지, 소원하지 않는 것을 행하는 것이 아니다. 그것은 율법이고 종교다. 물론 바울의 고백처럼 내 안에 '죄의 저항'이 있다. '이거 했다가 망하면 어떡하지?'라는 두려움, '이렇게 순종하면 그동안 저 녀석이 나보다 앞서갈 것 같은데?'라는 불안 모두 죄의 저항들이다. 그러나 분명한 것은 내 안 깊은 곳에 '원함'이 함께 있다는 것이다. 하나님의 뜻대로 살고 싶은 거룩한 소망 말이다! 순종의 가장 큰 특징은 바로 이 '소원함'이다.

두려워하지 말라. '하나님이 나에게 이것을 하라고 억지로 시키시면 어떡하지?'라는 별걱정을 하지 말라. 하나님은 폭군이 아니다. 내가 미국에서 유학할 때 소그룹 멤버의 대부분이 유학생이었다. 그런데 은혜를 받고 나니 한 명 두 명 목회자로 헌신하기 시작했다. 그러자 다른 형제들이 '혹시 나도 신학을 하라고 하시면 어떡하지?'라는 부담을 갖기 시작했다.

어느 날 소그룹 모임에서 한 형제가 이런 부담과 두려움을 나누었다. 그때 먼저 목회자로 헌신했던 한 선배가 이렇게 이야기했다. "걱정하지 마. 만약 하나님이 형제를 정말 목회자로 부르셨다면, 그때는 소원을 주실 거야. 사역을 너무너무 하고 싶어 안달이 나게 하실 거고, 지금 하던 공부는 너무 하기 싫어서 지긋지긋해지게 하실 거야. 그렇지 않다면, 아직 부르시는 것이 아니니까 걱정하지 마!"

신기하게도, 훗날 내가 사역을 시작할 때 정말 그랬다. 나는 어려서부터 수학이 너무 재미있었다. 대학에서 수학을 전공하고, 미국에서 박사 학위를 마칠 때까지 수학이 지겹다는 생각을 해본 적이 없었다. 수학은 늘 내게 너무 재미있고 신나는 하나님의 선물이었다.

그런데 학위를 마치고 목회를 시작하게 되었을 때, 정말 신기한 일이 벌어졌다. 수학이 너무 재미없고 지겨운 것이다! 대학에서 강의를 하고 있었는데, '이거 언제까지 해야 하나', 하루도 더 하기 싫어서 몸이 비비 꼬였다.

마침내 국비 유학으로 인한 3년의 의무 기간[2]이 끝나고 대학을 그만두게 되었을 때, 얼마나 홀가분하고 기뻤는지 모른다! 어떤 분은 "어휴, 학위 포기하고 목사 되셨을 때 얼마나 힘드셨어요?"라고 묻기도 하는데, 절대 아니다. 힘들긴! 비로소 해방되었는데 무슨 말인가! 너무 행복하고, 너무 감사했다.

하나님께서는 소원을 두고 행하게 하신다! 물론 순종에 갈등이 없었던 것은 아니다. '미래는 어떻게 되는 거지?' 미래에 대한 염려, 재정에 대한 걱정, 명예에 대한 욕심이 다 수면 위로 올라왔다. 그러나 이런 욕심과 더불어 내 안에는 하나님께 순종하고 싶은 '거룩한 갈망'이 공존했다. 그렇다. 순종은 성령께서 주시는 거룩한 소원을 선택하는 것이다.

하나님께서는 소원을 두신다. 그러므로 기뻐하고 즐거워하라. 성령의 사람들에게는 하나님께서 행하시는 모든 일이 기쁨과 즐거움이다. 소원이 이루어지는 것이기 때문이다. 원하던 일이 성취되는 것이니까 말이다!

그렇기 때문에 바울은 감옥 안에서도 기뻐하고 또 즐거워했다. 하나님은 우리가 즐거워하기를 원하시는 분이다! 당신 안에 공존하는 '갈망'과 '염려' 중 믿음으로 영의 갈망을 선

2　유학생활 중 국비 장학금을 지원받았기 때문에 3년간 국내 대학에서 일해야 했다.

택하라. 그 선택을 통해 하나님께서 주시는 기쁨이 당신의 삶 속에 실체가 될 것이다. 당신의 삶 속에 하나님의 축복이 임하기를 다시 한번 축원한다.

chapter 08

케노시스 혁명

[빌 2:14-16] 모든 일을 원망과 시비가 없이 하라 이는 너희가 흠이 없고 순전하여 어그러지고 거스르는 세대 가운데서 하나님의 흠 없는 자녀로 세상에서 그들 가운데 빛들로 나타내며 생명의 말씀을 밝혀 나의 달음질이 헛되지 아니하고 수고도 헛되지 아니함으로 그리스도의 날에 내가 자랑할 것이 있게 하려 함이라

복음은 인간개조 프로젝트다. 우리의 영혼육을 모두 새롭게 하여 새로운 피조물이 되게 한다. 그러나 이것이 복음의 전부는 아니다. 복음은 여기서 한 걸음 더 나아가 사회를 새롭게 한다.

1. 원망과 시비가 없이 하라

이번 장에서는 두 번째 실천적 규범인 빌립보서 2장 14절부터 16절을 살펴보겠다. 14절부터 16절은 한 개인을 변화시키는 인간개조 프로젝트에서 한 걸음 더 나아가 '사회변혁 프로젝트'를 이야기한다. 복음은 이웃과 이웃 사이의 관계를 새롭게

함으로써 사회를 변화시킨다. 14절은 이렇게 시작한다.

[빌 2:14] 모든 일을 원망과 시비가 없이 하라

다른 사람과의 관계에서 원망과 시비가 없이 하라는 것이다. 여기서 '원망'에 해당하는 헬라어는 "불평을 늘어놓는, 수군거리는"의 뜻이며, '시비'에 해당하는 헬라어는 "시비, 다툼, 의심스러운 생각, 부정적인 생각"이라는 뜻이다. 즉, 모든 일에 있어 사람들의 원망을 사거나 수군거리는 일이 없이 하며, 다툼을 일으키거나 부정적인 생각이 들지 않게 하라는 것이다. '케노시스'를 통해서 말이다! 예수님의 자기부인과 겸손이 있을 때 우리는 다른 사람과의 관계에서 원망과 시비를 피할 수 있다.

원망과 시비는 나의 자아가 살아있을 때 일어난다. 자아가 만들어내는 것은 자존심, 자기주장, 기득권, 권리, 이익 같은 것인데 이런 것들이 다루어지지 않고 드러날 때 사람들과의 관계는 불편해지고, 서로 원망하며 다투게 된다. 또 상대방을 무시하거나 무례히 행하는 것, 조롱하거나 착취하고 배려가 없는 것 등도 자아가 부인되지 않았을 때 나타나는 일들이다. 이런 자아의 모습이 원망과 시비를 일으킨다. 하나님의 흠이 없는 자녀는 모든 일에 원망과 시비가 없어야 한다.

모든 일에 그렇게 해야 한다. 직장에서, 학교에서, 가정에서, 교회에서, 동네에서, 사람들과 관련된 모든 일에서 원망과 시비가 없어야 한다. 케노시스를 통해서, 자기부인과 십자가를 통해서 말이다!

그렇다. 내가 십자가에 죽으면 된다. 내가 희생하고 손해 보면 된다. 그러나 같은 희생과 손해라도 '그래, 내가 크리스천이니까 참는다!'라는 태도로는 안 된다. 희생과 함께 겸손의 태도가 있어야 한다. 사실 사람을 진짜 짜증나게 하는 것은 '태도'다. 십자가를 지면서도 생색내지 말고, 손해 보고 희생하면서도 티 내지 말고, 마치 그것이 당연한 것처럼 행할 때, 모든 일에서 원망과 시비가 사라질 것이다.

2. 흠 없는 자녀
이렇듯 원망과 시비가 없이 할 때 결과가 주어진다.

[빌 2:15] 이는 너희가 흠이 없고 순전하여 어그러지고 거스르는 세대 가운데서 하나님의 흠 없는 자녀로 세상에서 그들 가운데 빛들로 나타내며

그렇게 할 때 하나님의 흠 없는 자녀로, 세상에서 빛들로

나타나게 된다. 우리는 하나님의 자녀요, 세상의 빛이라 하셨다. 예수께서도 우리를 세상의 빛과 소금이라고 하셨다. 그것이 우리의 본질이다. 그런데 이 본질은 케노시스, 즉 자기부인을 통해 모든 일에 원망과 시비가 없이 할 때 비로소 그 진가를 드러낸다.

(1) 흠 있는 명품

하나님의 자녀이기는 한데 '흠 있는' 자녀들이 있다. 분명 크리스천인데 그 사람이 있으면 주변이 시끄러워진다. 다툼이 생기고 반목이 일어난다. 불평하는 사람들이 나타나고 원망하는 일들이 벌어진다. 참 안타까운 일이다. 마치 명품 도자기 한끝이 살짝 깨져서 흠이 생긴 것과 비슷하다. 그 작은 흠만 없으면 정말 명품인데 그 작은 흠 때문에 가치가 10분의 1로 떨어져버린다.

크리스천이 그렇다. 크리스천은 본질상 하나님의 자녀다. 무엇과도 비교할 수 없는 존귀한 존재다. 그런데 그 명품에 흠이 있다면? 우리의 가치, 진가가 무엇에 의해 결정될까? 비록 당신의 신분이 위대한 하나님의 자녀, 무엇과도 비교할 수 없는 명품일지라도 당신의 가치는 '흠'이 있느냐 없느냐에 따라 결정된다. 아무리 귀한 명품이라도 흠이 있으면 그 가치는 10분의 1, 심지어 100분의 1로 떨어진다. 예수로부터 시작된

'명품 브랜드'인데 그 가치를 인정받지 못하고 있다면 그것은 우리에게 흠이 있기 때문이 아닐까?

그렇다면 우리의 가치를 떨어뜨리는 '흠'은 구체적으로 무엇일까? 그것은 원망과 시비를 일으키는 것이다. 십자가를 거부하고 '자기부인'하기를 거부할 때, 쉽게 말해 내 성질대로 할 때, 그것이 크리스천이라는 명품 브랜드에 흠이 된다. 오늘날 많은 크리스천이 자아가 꺾이지 않은 채 신앙생활을 한다. 이런 우리의 모습에 대해 성경은 다음과 같이 이야기한다.

[딤전 6:4] 그는 교만하여 아무것도 알지 못하고 변론과 언쟁을 좋아하는 자니 이로써 투기와 분쟁과 비방과 악한 생각이 나며

[딤후 3:1-2] 너는 이것을 알라 말세에 고통하는 때가 이르러 사람들이 자기를 사랑하며 돈을 사랑하며 자랑하며 교만하며 비방하며 부모를 거역하며 감사하지 아니하며 거룩하지 아니하며

말세에는 교회 안에 이런 사람들이 많을 것이라고 경고한다. 자기를 사랑하고 자랑한다. 교만하고 상대를 비방한다. 거역하고 감사할 줄 모른다. 자아가 부인되지 않았다. 그러니 변론, 언쟁, 투기, 분쟁, 비방, 거역이 난무한다. 분명 하나님의 자녀가 맞는데, 아쉽게도 흠이 있다. 그들이 있는 곳에

원망과 시비가 끊이지 않는다.

(2) 공의는 오직 하나님만 집행하신다

이렇듯 끊임없이 원망과 시비를 일으키는 이들은 대부분 '공의'를 이야기한다. 그들은 "나는 옳고 저 사람은 틀렸다. 공의의 차원에서 의를 이루어야 한다"라고 말하는 것이다. 이것이 크리스천이 하는 말이다. 그런데 문제는 상대도 똑같은 이야기를 한다는 것이다. '의'가 집행되어야 한다는 것이다. "저 사람을 그냥 두는 것은 불의한 일이다"라는 것이다.

그런데 생각해보라. 예수께서 언제 우리에게 '개인적 차원'에서 의를 집행하라고 하셨는가? 성경은 이렇게 이야기한다.

[약 4:11-12] 형제들아 서로 비방하지 말라 형제를 비방하는 자나 형제를 판단하는 자는 곧 율법을 비방하고 율법을 판단하는 것이라 네가 만일 율법을 판단하면 율법의 준행자가 아니요 재판관이로다 입법자와 재판관은 오직 한 분이시니 능히 구원하기도 하시며 멸하기도 하시느니라 너는 누구이기에 이웃을 판단하느냐

성경은 "너는 누구이기에 이웃을 판단하느냐"고 묻는다. 판단하시는 분은 한 분, 하나님밖에 없다는 것이다. 적어도 개인적 차원의 공의, 옳고 그름은 우리가 집행하는 것이 아니

다. 우리는 그저 자기부인, 십자가를 지는 케노시스를 행할 뿐이다. 예수께서도 그렇게 하셨지 않은가! 불의한 이들에게 항거하지 않으시고 겸손히 십자가에 오르셨다. 공의를 집행하는 판단은 하나님께 속한 일이다.

공의를 직접 집행하려 하지 말라. 그것은 교만이다. 그리고 크리스천들 사이에 '원망과 시비'가 많은 것도 이 교만으로 인해 일어난다. 기억하라. 개인적 차원의 공의는 하나님만이 집행하신다. 성경은 남의 잘못 이전에 자기의 잘못을 살피라고 말한다.

[갈 6:4] 각각 자기의 일을 살피라 그리하면 자랑할 것이 자기에게는 있어도 남에게는 있지 아니하리니

각자 자기의 잘못에만 집중하라는 것이다. 저 사람의 잘못은 하나님이 알아서 하신다. 적어도 개인적 차원에서는 그렇다. 공동체나 사회적 차원의 불의에 대해서는 다른 접근이 필요할 수 있다. 하지만 적어도 개인적 차원의 갈등에 대해서는 그렇다.

각자 자신을 살피지 못하는 것이 비극이다! 그러면서 상대를 향해 공의를 주장하는 이 어그러짐을 어떻게 보아야 하는가! 말이 좋아서 '공의'지, 서로 손가락질하고 비방하며 싸우

는 것 아닌가! 이것이 흠 있는 크리스천의 본질이며, 자아가 부인되지 않은 크리스천의 슬픈 현실이다.

3. 어그러지고 거스르는 세대 가운데 빛들로 나타나라

성경은 하나님을 떠난 세상의 본질에 대해 "어그러지고 거스른다"고 이야기한다.

[빌 2:15] 이는 너희가 흠이 없고 순전하여 어그러지고 거스르는 세대 가운데서 하나님의 흠 없는 자녀로 세상에서 그들 가운데 빛들로 나타내며

어그러지고 거스르는 세상 가운데서 우리가 '흠 없는 하나님의 자녀'로 살아갈 때, 비로소 그들 가운데 빛들로 나타나게 된다.

세상은 교회를 통해 '다름'을 보기 원한다. 어그러지고 거스르는 세상을 좇지 않는, 흠이 없고 순전한 다름을 보기 원한다. 여기서 '어그러지고'의 원어는 '스콜리오스'인데, 이는 "휘어진, 굽은, 고집 센, 까다로운" 등의 의미를 지닌다. 즉 배배 꼬였다는 뜻이다. 또한 '거스르는'의 원어 '디아스트레포'는 "왜곡하다, 잘못 해석하다, 부패하다, 돌아서다"라는 뜻이다.

(1) 세상의 본질

성경은 세상의 본질을 '어그러지고 거스르는' 것으로 정의한다. 어그러졌다는 것은 마음이 배배 꼬인 것이다. 심술궂고 고집이 세며 까다롭다. 아마 '자아'에 대한 가장 적절한 표현일 것이다. 고집이 세다는 것은 자기중심적인 것을 의미하고, 심술궂고 까다롭다는 것은 상대를 대하는 태도에 대한 것이다. 호전적이고 부정적이다. 겸손과 희생이 나를 죽여 상대를 살리는 '상대중심적 태도'라면, 어그러진 것은 상대를 죽이고 나를 높이는 '자기중심적 태도'다.

또한 세상의 본질은 '거스르는 것'이다. 거스르는 것은 크게 세 가지 의미를 지닌다. 첫 번째는 왜곡하고 잘못 해석하는 것이며, 두 번째는 거역하고 반대하는 것이고, 세 번째는 도덕적으로 부패하고 타락한 것이다.

먼저 첫 번째 의미에 주목해보자. 세상은 다른 사람이나 환경을 있는 그대로, 들은 그대로 받아들이지 않는다. 거슬러서 왜곡하여 받아들인다. 고집 세고 타락한 자아를 중심으로 재해석한다. 상대가 아무리 A라고 말해도, "정말 A야? 아닐걸? 자기가 불리하니까 어떻게 해보려고 A라고 하는 거지, 실제는 B일지도 몰라. C일 수도 있고"라며 재해석한다! 이것을 '디아스트레포', 즉 거스르는 것이라고 말한다. 그리고 이런 재해석이 또 어느 정도 맞기도 하다. 왜냐하면 모두가 서로를 향해 그렇게 거스르고 있기 때문이다.

세상은 어그러져 있다. 각자 자기에게 유리하게 상황과 환경을 굽게 취하며, 있는 그대로 믿어주지 않는 '디아스트레포'를 행한다! 이것이 우리가 살아가고 있는 세상이다. 우리는 어그러지고 거스르는 세상을 살아간다. 그렇기 때문에 피곤하다. 쉼이 없다. 누구도 믿을 수 없고, 누구에게도 받아들여지지 못한다. 그래서 너무 외롭다.

이런 '자기중심성'에 기인한 재해석은 결국 '거스르는'의 두 번째 의미, 거역하고 반대하는 투쟁과 갈등으로 이어진다. 그런 의미에서 세상의 본질을 '투쟁'으로 이해했던 마르크스의 안목은 옳았다.

세상이 돌아가는 이치를 깊게 들여다보면, 결국 자기중심성에 기초한 저마다의 재해석이 갈등을 일으키고, 이 갈등이 투쟁이 되며, 그 투쟁을 에너지로 사회 변화가 일어난다는 것이다. 그래서 마르크스는 투쟁이 세상을 변화시키는 동력이라고 보았다. 왜냐하면 마르크스는 '세상에 빛들로 나타나는, 그래서 원망과 시비가 없는 하나님의 공동체'를 본 적이 없기 때문이다.

교회의 부패와 타락이 가져온 비극이다. 세상을 변화시키는 긍정적인 힘을 본 적이 없던 마르크스에게 보였던 것은, 죄와 타락이 가져온 부정적인 힘뿐이었다. 피의 혁명! 그리고 그 부정적인 힘에 의한 사회 변화는 피와 죽음에 기초한 폭력적 변화라는 것을, 우리는 지난 세기 공산 혁명을 통해 보아 왔다. 하나님을 떠난 세상의 본질은 갈등과 투쟁이며 다툼과 시비다.

(2) 다름

성경은 이런 세상을 살아가는 하나님의 자녀들은 다르다고 말한다. 어그러지고 거스르는 것이 어둠이라면, 흠 없고 순전한 것은 빛이다. 하나님의 자녀들은 세상과는 전혀 다른 문화, '어그러지고 거스르는 문화'가 아니라 '원망과 시비가 없는 문화' 속에서 살아간다. 서로에 대한 원망이 없다. 어그러지지 않는다. 오히려 서로 감사하고, 서로를 고마워한다. 시비도 다툼도 없다. 그곳에는 오히려 평화가 있다. 쉼이 있다. 그래서 하나님의 공동체에는 기쁨이 있다! 바로 이것이 바울이 빌립보교회를 향해 전하는 기쁨이다.

[빌 2:17-18] … 나는 기뻐하고 너희 무리와 함께 기뻐하리니 이와 같이 너희도 기뻐하고 나와 함께 기뻐하라

갈등과 투쟁에서 벗어난 평화! 그리고 그 평화가 주는 기쁨! 어그러지고 거스르는 세상에서 타인은 긴장과 투쟁의 대

상이지만, 흠 없고 순전한 하나님의 공동체에서 이웃은 기쁨의 대상이다. 형제는 나를 위해 희생해준 존재이며, 자매는 내가 희생함으로써 축복하고 싶은 존재다.

'다름이 역사하는 공동체'에서 이웃은 나를 축복하는 존재이자 내가 축복하는 존재이다. 원망과 시비가 사라질 때 말이다! 그리고 이 다름을 만들어내는 핵심이 바로 '케노시스'다.

그렇다. 케노시스가 이 모든 것의 열쇠다. 세상을 어그러지게 하고 거스르게 하는 원흉은 마귀도 아니고 정치도 아니다. 그것은 바로 '타락한 자아'다. '나!' 나를 세상의 중심에 놓고 싶어 하는 타락한 나와 당신의 자아 말이다. 이 자아가 십자가에서 다루어지지 않고 살아 꿈틀댈 때, 그런 자아들이 살아가는 세상은 어그러지고 거스르며, 다툼과 원망이 가득한 곳이 되어버린다.

그러나 케노시스가 역사하기 시작할 때 그곳은 다른 곳이 된다. 자기를 낮추시고 죽기까지 순종하셨던 예수 그리스도의 케노시스, 자아가 꺾이는 이 '신비' 앞에 원망과 시비가 사라지고, 평화와 기쁨이 역사하기 시작한다. 세상이 줄 수 없는 기쁨이 펼쳐진다. 케노시스는 이웃과의 관계를 변화시키는 능력이다.

그런 의미에서 빌립보서에서 바울이 이야기하는 '기쁨'은 개인적인 기쁨이 아니라 공동체적인 기쁨이다. 바울은 "나와 함께" 기뻐하라고 했고, "너희 무리와 함께" 기뻐한다고 했다. 함께 기뻐하는 것이다. 빌립보서 1장부터 바울은 줄곧 '너희' 가 기쁨의 이유이자 대상임을 이야기한다.

4. 케노시스 혁명

자아부인과 겸손 그리고 십자가, 이것이 케노시스로 이루어 지는 새 창조, 관계의 변화, 사회의 변혁으로 이어진다. 케노 시스의 인간개조로 이루어지는 새 창조, 그리고 그 새 창조 의 질서 위에 세워지는 새로운 사회, '디바인 커뮤니티'(divine community), 이것이 복음의 궁극적인 목표이며 하나님나라의 본질이다. 그리고 그곳이 바로 교회다!

이 '새로운 사회'는 원망과 시비가 사라지고 기쁨과 감사가 역사하는 곳이다. 어그러짐과 거스름이 사라진, 흠 없는 공동 체다. 미움과 갈등을 동력으로 변화되는 사회가 아니라 빛과 사랑이 변화시키는 축복과 평화의 사회다. 미움의 부정적인 힘이 아니라 사랑의 긍정적인 힘으로 새로워지는 사회! 이것 이 하나님이 원래 창조하셨던 세상의 모습이자 예수 그리스도 를 통해 회복하시고자 하는 하나님나라의 모습이다.

하나님은 우리가 이 새로운 사회를 이루어가길 원하신다. 기쁨이 역사하는 공동체를 말이다. 그래서 그가 세우신 나라의 첫 번째 이름이 에덴, 기쁨이었다. 기쁨의 나라, 기쁨의 동산! 이 기쁨의 공동체, 에덴 공동체의 회복이 하나님나라 복음이다.

이 회복은 사회 시스템이나 법으로 이루어지지 않는다. 정치가와 혁명가들이 사회 이론을 통해 기쁨이 역사하는 낙원을 꿈꿔왔지만 모두 실패했다. 대표적인 것이 공산주의다. 왜 실패했을까? 그것은 이들이 문제의 본질을 '타락한 인간의 본성'이 아닌 '사회 시스템'으로 이해했기 때문이다.

변화의 진짜 열쇠는 '사회 시스템의 변화' 이전에 '인간 존재의 변화'이다. 이들이 실패한 것은 타락한 인간의 본질을 간과한 채, 제도의 변화만으로 세상을 새롭게 할 수 있다고 믿었기 때문이다. 결국 우리에게 필요한 것은 '새로운 제도' 이전에 '새로운 인간'이다. 어그러지고 거스르는 타락한 인간의 본질을 예수 그리스도의 마음, 자기를 낮추시고 죽기까지 복종하는 케노시스의 마음으로 바꾸는 십자가의 혁명이 필요하다.

우리에게 필요한 것은 '사회 혁명'이 아니라 '인간 혁명'이다. 기쁨과 평화를 막고 있는 것은 사회 구조가 아니라 어그러지고 거스르는 인간의 자아다. 자아를 부인하는 케노시스의 혁명을 통해 인간의 마음이 새로워질 때(이것을 거듭남이라고 한다), 비로소 원망과 시비가 없는 사회, 함께 기뻐하는 하나님나라가 세워질 수 있다. 그리고 이것이 바로 '교회'다. 교회는 하나님이 세우시는 새로운 사회, 인간 혁명으로 세워지는 새로운 사회다!

이 비밀을 깨닫고 나서, 나는 '교회'라는 말만 들어도 심장이 뛴다. 교회야말로 하나님의 비밀이며, 하나님이 소망이며, 세상의 혁명이다. 교회는 어그러지고 거스르는 세상에서 빛으로 나타나는 하나님의 영광이다. 할렐루야!

모든 일에 원망과 시비가 없이 하는 것은 정말 '혁명'이다. 부부싸움부터 자녀와의 갈등, 왕따, 노사문제, 국가 간의 전쟁에 이르기까지 과연 모든 일에 원망과 시비가 없어질 수 있을까? 불가능해 보인다. 그래서 혁명이라는 것이다. 인간 존재를 혁명하는 케노시스 혁명이 아니면 불가능하다.

그렇다. 인간에게는 케노시스 혁명이 필요하다. 자아를 부인하고 겸손하게 순종하는 십자가의 혁명! 이 혁명을 통해 비로소 원망과 시비가 없는 사회가 세워지며, 이것이 어그러지고 거스르는 투쟁과 혐오의 세상에서 우리를 구원하여 기쁨의 세상으로 인도할 것이다. 이것이 바울이 빌립보 교인들에게 이야기하는 복음이며, 바울이 누렸던 기쁨이다. 이 복음이 오늘 우리 가운데서 역사하기를 기도한다.

chapter 09

반짝반짝 빛나는 교회

[빌 2:16-18] 생명의 말씀을 밝혀 나의 달음질이 헛되지 아니하고 수고도 헛되지 아니함으로 그리스도의 날에 내가 자랑할 것이 있게 하려 함이라 만일 너희 믿음의 제물과 섬김 위에 내가 나를 전제로 드릴지라도 나는 기뻐하고 너희 무리와 함께 기뻐하리니 이와 같이 너희도 기뻐하고 나와 함께 기뻐하라

1. 생명의 말씀을 밝히다

이번 장에서는 케노시스를 통해 이루어진 인간 혁명과 사회 혁명의 결과에 대해 살펴보자. 케노시스 혁명을 이야기한 바울은 다음과 같이 선포한다.

[빌 2:15-16] 이는 너희가 흠이 없고 순전하여 어그러지고 거스르는 세대 가운데서 하나님의 흠 없는 자녀로 세상에서 그들 가운데 빛들로 나타내며 생명의 말씀을 밝혀 나의 달음질이 헛되지 아니하고 수고도 헛되지 아니함으로 그리스도의 날에 내가 자랑할 것이 있게 하려 함이라

빌립보서 2장 15절과 16절은 한 문장으로 이루어진 구절이다. 즉, 어그러지고 거스르는 세대 속에서 케노시스 혁명을 통해 원망과 시비가 없는 관계를 만들어갈 때 "생명의 말씀을 밝혀 헛되지 않게 한다"는 것이다. '밝혀'에 해당하는 헬라어 '에페코'는 "굳게 잡다, 드러내다, 제시하다, 보여주다"라는 의미다. 즉, 생명의 말씀이 (세상에) 드러나 보여지게 된다는 것이다.

하나님의 말씀은 생명의 말씀이다. 사람에게 생명을 주고 영혼을 살리는 힘이 있는 말씀이다. 그런데 불행하게도 오늘날 말씀은 그리 힘 있어 보이지 않는다. 사람들이 잘 듣지도 않고, 들어도 '또 그 소리' 하고 넘기기 일쑤다. 왜 이렇게 되었을까? 그것은 하나님의 자녀들이 케노시스 하지 않기 때문이다. 크리스천이 어그러지고 거스르는 세대와 똑같이 살기 때문이다.

어그러지고 거스르는 세대와 똑같이 근심하고,
어그러지고 거스르는 세대와 똑같이 시기하고,
어그러지고 거스르는 세대와 똑같이 원망하고,
어그러지고 거스르는 세대와 똑같이 다투고,
어그러지고 거스르는 세대와 똑같이 비방한다.

이것이 생명의 말씀이 밝혀질 수 없는 이유다. 하나님의 말씀이 생명을 주는 말씀으로 드러나게 되는 것은 케노시스를 통해 원망과 시비가 없는 케노시스 공동체가 만들어질 때다. 다르게 살아가는 사람들을 볼 때 세상은 하나님의 말씀에 귀를 기울이기 시작한다. 그런 의미에서 말씀의 실체는 교회다. 말씀에 힘을 주고 생명을 주는 것은 그 말씀대로 살아가는 사람들 즉, 교회다.

2. 수고와 달음질

바울은 자신의 수고와 달음질이 헛되지 않고, 그리스도의 날에 자랑할 것이 있기를 바랐다.

> [빌 2:16] ⋯ 나의 달음질이 헛되지 아니하고 수고도 헛되지 아니함으로 그리스도의 날에 내가 자랑할 것이 있게 하려 함이라

(1) 그리스도의 날

먼저 주목할 것은 '그리스도의 날'이다. 우리 모두에게는 그리스도의 날이 있다. 그것은 그리스도 앞에 서는 날, 그리스도와 얼굴과 얼굴을 맞대고 보는 날을 의미한다. 그것은 예수께서 다시 오시는 날이든지, 아니면 우리가 이 땅에서의 시간을

마치고 떠나는 날이 될 것이다. 둘 중 하나는 반드시 온다. 우리는 반드시 그리스도 앞에 서게 된다. 그리고 그날은 우리가 이 땅에서 살았던 시간을 평가받는 날이다. 우리 인생이 얼마나 가치 있고 의미 있었는지를 창조주 앞에서 평가받게 된다. 바울의 모든 달음질과 수고는 이날을 향해 있었다.

사람들은 모두 무언가를 위해 수고하고 달음질한다. 구체적이고 분명한 목표를 가지고 달음질하는 사람도 있고, 막연히 더 나은 인생을 기대하며 달음질하는 사람도 있고, 이도 저도 아니면 그저 실패한 인생이 될까봐 두려워 달음질하는 사람도 있다. 여하튼 무언가를 바라보며 수고하고 달음질한다.

(2) 괜찮아 복음 vs 헛되지 않음이라는 복음

요즘 세대를 바라보면, 이전 세대들보다 상대적으로 뒤처질까 두려워 달음질하는 이들이 더 많아진 것 같다. 꼭 무엇이 되고 싶고, 꼭 무언가를 이루기 위해 달려간다기보다는 실패자가 되기 싫어서, 최악을 면하기 위해서 달리는 것 같다. 사실은 끌려가는 사람들이 더 많은 것 같다. 다 그런 것은 아니지만 말이다. 그래서 요즘 아이들에게 "너, 꿈이 뭐니?"라고 물어보는 것은 대단한 실례라고 들었다. 이 질문을 던지면 당황한다고 한다.

그렇다보니 나도 어느 순간부터, "성취가 나를 규정하는 것이 아니다"라는 교회의 전통적인 메시지가 이들에게는 잘 맞지 않는다는 느낌이 들기 시작했다. "당신의 성취가 당신을 규정하는 것이 아닙니다. 당신은 이미 하나님의 자녀이며, 그렇기 때문에 이미 존귀하고 완전합니다. 성취가 아니라 당신의 신분이 당신의 가치를 규정합니다!"라는 전통적인 메시지가 이 세대에게 어떻게 들릴까?

분명 틀린 말은 아니지만, 지금 이 세대에 딱 맞는 메시지인지는 잘 모르겠다. 분명한 목표를 가지고 수고하며 오직 그것만을 향해 내달리던 이전 세대에게는 의미있는 메시지일지 모르겠으나, 목표도 없이 그저 면피를 기대하며, 달린다기보다는 끌려가는 세대에게는 그리 와 닿는 메시지가 아닐 것이다.

무엇을 위해 달리는지도 모른 채 그저 열심히, 그저 성실히 달리는 것 자체를 미덕으로 여겼던 산업화 세대에게는 "잠시 멈추고, 당신이 누구인지 생각해보십시오. 하나님의 자녀라는 사실에 집중합시다. 조금 덜 성취해도 괜찮습니다. 실패해도 괜찮습니다. 당신은 여전히 존귀합니다!"라는 메시지가 복음이었다. 전 국민이 워커홀릭의 삶을 살던 때였으니, 잠시 멈춰서 자신이 누군지 생각해보라는 메시지가 영적인 도전이 되었다.

그러나 딱히 무엇을 원하는지도 잘 모른 채, 그저 뒤처지는 것이 두려워 실패를 면하기 위해 수고하고 달음질하는 이 세대

에게 "실패해도 괜찮아, 조금 덜 뛰어도 괜찮아!"라는 메시지
가 어떻게 들릴까? 심지어 2030세대 사이에는 일할 수 있지만
일하지 않는 사람들이 급격하게 늘어가고 있다는데 말이다.

어쩌면 이 세대에게 필요한 것은 '실패해도 괜찮아'의 복음
이 아니라, 빌립보서 2장 16절이 이야기하는 '수고가 헛되지
않음이라'의 복음이 아닐까? 명확히 무엇을 위해 수고하고 달
려야 헛되지 않고, 무엇을 위해 수고하고 달음질해야 그리스
도의 날에 자랑할 것이 있는지를 알려주는 것이 이 세대의 복
음일 것이다. 지금은 헛되지 않은 수고가 무엇인지 명확히 아
는 것이 정말 필요하다.

그런 의미에서 빌립보서 2장 16절은 인생이 헛될까봐 두려
워하는 이 세대를 향한 복음이다. 여기 헛되지 않은 인생이 있
다. 여기 마지막에 자랑할 것이 있는 수고가 있다!

3. 헛되지 않은 수고

그렇다면 바울에게 헛되지 않은 수고, 자랑할 것이 있는 달음
질은 무엇이었을까?

[빌 2:16-17] … 나의 달음질이 헛되지 아니하고 수고도 헛되지 아
니함으로 그리스도의 날에 내가 자랑할 것이 있게 하려 함이라

만일 너희 믿음의 제물과 섬김 위에 내가 나를 전제로 드릴지라
도 나는 기뻐하고 너희 무리와 함께 기뻐하리니

바울의 헛되지 않은 수고는 바로 '너희들' 즉 "사람들"이었
다. 빌립보교회의 성도들을 믿음 안에서 세우는 것, 그것이 바
울이 수고하고 달음질한 이유였다. 그렇다. 그리스도의 날에
자랑할 것이 있는 헛되지 않은 수고는 '사람들'을 "하나님의
사람"으로 세우는 수고뿐이다. 어그러지고 거스르는 세대 속
에서 이 세대와는 전혀 다른 삶을 사는 사람들, 원망과 시비
가 없는 공동체, 하나님의 흠 없는 자녀, 그래서 생명의 말씀
을 세상에 밝힐 사람들을 세우는 것이 바울의 인생을 헛되지
않게 하고, 그리스도의 날에 자랑할 것이 있게 했다. 바울에게
있어 헛되지 않은 수고, 인생을 달음질하게 하는 기쁨은 교회,
즉 사람들이었다.

(1) 반짝반짝 빛나는 교회

나는 1986년에 예수 그리스도를 믿고 크리스천이 되었지만,
처음의 뜨거움은 잠깐이었고 시간이 흐를수록 내 안에서 말
씀이 힘을 잃어갔다. 말씀대로 사는 사람을 보기 어려웠고 나
역시 그랬다. 어그러지고 거스르는 세대는 교회 안이나 밖이
나 별 차이가 없어 보였다. 그 사람이 그 사람이었다. 성경과

삶의 괴리는 커져만 갔고 성경은 그저 성경, 삶은 그저 삶으로 분리되어 갔다. 성경은 다다를 수 없는 비현실적인 이상이라 생각되었고, 현실에서는 현실을 위한 삶이 따로 존재했다.

대학을 졸업하고 미국으로 유학을 가면서 새로운 교회를 만나게 되었다. 유학생들이 중심이 된 교회였는데, 이 교회를 통해 내 눈이 새롭게 열렸다. 가장 충격이었던 것은 말씀을 대하는 이들의 태도였다. 정말 진지했다. 정말 말씀을 그대로 살아내려는 듯 보였다. '이 사람들, 진심인가? 진짜 이게 가능하다고 생각하는 건가?'라는 생각이 들었다.

오랜 시간 교회를 다니면서 내 안에는 패배의식이 가득해서 '어차피 안 돼. 아무도 말씀 그대로 사는 사람은 없어. 말씀은 말씀이고, 현실은 현실이야'라는 생각이 나를 지배하고 있었다. 그런데 이 사람들은 달랐다. 진지하게 말씀에 순종하려 애썼다. 그들에게는 말씀이 현실과 동떨어진 이상이 아니었다. 비록 부족하여서 넘어지고 실수도 하지만 말씀에 순종하기 위해 힘쓰며, 자아를 부인하고 비우려 애쓴 것이다. 케노시스! 이들에게는 자신을 비우고 십자가를 지려는 케노시스의 영성이 있었다.

그러자 놀라운 일이 일어났다. 조금씩 세상과는 전혀 다른 모습의 공동체가 만들어지기 시작한 것이다. 공동체를 만들자고 선포하며 시작된 것이 아니었다. 그저 자아를 부인하고 말씀에 순종하려고 하자 공동체가 만들어지기 시작한 것이다.

돈을 빌려주고도 받으려 하지 않았고, 형제자매의 믿음을 위해 밤을 지새웠다. 형제의 필요가 있다면 새벽 2시든 3시든 망설이지 않고 달려갔다. 함께하는 시간들이 소중했고, 모든 순간이 기쁨이었다. 그런 모습들을 보면서 '천국이 바로 이런 곳이겠구나' 싶었다. 그렇다. 케노시스의 예외 없는 결론은 '원망과 시비가 없는 공동체'가 만들어진다는 것이다.

마르크스 경제 이론에 심취해 버클리대학 경제학과 대학원에서 공부하던 선배는 교회를 통해 이 세상과는 다른 공동체의 모습을 보게 되어 마음을 빼앗겼다. 결국 신학교를 가게 되면서 이렇게 고백했다. "뭐 마르크스까지 갈 것 없더라고, 그냥 이렇게 서로 나눠 먹고 살면 되는 거더라고! 내 삶을 헛되지 않게 하는 것은 경제학자가 되어 세상을 변화시키는 것이 아니라 하나님의 말씀에 순종하는 사람들을 세우는 거야! 아니, 하나님의 말씀에 순종하는 사람들과 함께 살아가는 거야!"

그렇다! 하나님의 말씀에 순종하는 케노시스의 영성은 어그러지고 거스르는 세상과는 전혀 다른 공동체를 만든다. 그것이 교회. 하나님의 이 위대한 계획을 보는 순간, 내 안에 소원이 생겼다. '이것을 위해 살자!' 정말 교회가 달라 보였다. 아니, 태어나서 처음으로 교회가 무엇인지 보이기 시작했다.

그 위대함과 아름다움이 보였다!

교회는 세상의 빛으로 빛나고 있었고, 생명의 말씀을 밝히고 있었다! 마르크스의 사회 혁명이 아니라 하나님의 말씀이 세상을 구원한다고 말한 선배의 고백처럼 하나님의 말씀을 따라 케노시스 하는 것이 세상을 아름답고 빛나게 한다는 것을 깨달았다! 반짝반짝 빛나는 교회를 보게 되었다! 그리고 그 빛이 내 안에 생명의 말씀을 밝혔다! 비로소 하나님의 몸 된 교회의 영광이 보이기 시작했다.

그렇다. 생명의 말씀을 밝히는 것은 말이나 이론이 아니라 원망과 시비 없이 살아가는 케노시스의 마음을 가진 사람들이다. '교회를 위해 살자! 사람들을 위해 살자!' 내 안에 새로운 소원이 생겼다. 이것은 내가 지금까지 보아왔던 그 어떤 것보다 가치 있고 소중하며, 그 어떤 일보다 기쁘고 행복했다. 나의 달음질과 수고를 헛되지 않게 할 것이 무엇인지 확실했다. 그것은 '빌립보교회'를 세우는 것이었다.

어그러지고 거스르는 세대 가운데 흠 없고 순전한 사람들! 원망과 시비가 없는 마을, 빌립보교회! 이것에 내 인생을 다 쏟아부어도 기쁘고 또 기뻤다. 그때 바울의 고백이 무엇이었는지 이해되기 시작했다. 그렇게 30년이 흘렀다. 30년 동안 '빛나는 교회'를 꿈꾸며 살았다. 그래서 지금은 어떠냐고? 감사하고 기쁘다. 정말 행복하다!

(2) 교회를 반짝이게 하는 사람들

30년 전, 청년의 때에 셀 리더와 인턴으로 만나서 30년이 지난 지금도 한 교회를 섬기며 같은 꿈을 꾸는 이성진 목사는 버클리에서 박사 학위를 받은 재원이었다. 그러나 케노시스를 통해 반짝반짝 빛나는 교회를 보았을 때, 헛되지 않은 수고가 무엇인지 알게 되었다. 선교사와 목회자의 길을 걸으며 30년을 함께하는 행복을 누리고 있다.

교회에 청년으로 왔다가 목회자로 헌신한 박희주 목사와 신상철 목사는 이렇게 고백한다. "목사님, 저희는 목사님과 함께 교회를 섬기다가 목사님이 은퇴하실 때 함께 은퇴할 겁니다. 우리 목회? 따로 할 생각이 없습니다." 20년을 함께 걸어오는 동안, 한 번도 다른 생각을 품었던 적이 없었다.

어느 날 선교지에서 사역하시는 채○○ 선교사님께 전화를 드렸다. 실리콘밸리에서 엔지니어로 일하시던 선교사님은 하나님의 은혜로 선교사가 되어 18년째 한 지역에서 사역하고 계셨다. 나와는 평신도일 때부터 30년을 함께한 분이었다.

"선교사님, 이번에 난민들을 위한 NGO를 시작하는데 선교사님 말고는 적임자가 없습니다!" 하지만 선교사님은 정중히 거절하셨다. "고 목사, 나는 이곳을 떠날 수 없어요." 그런데 얼마 후에 다시 전화가 왔다. "기도해봤는데, 내가 나갈게. 내가 나가는 이유는 딱 하나야. 고 목사 도와주려고." 나를 도와주시려고 18년간 사역한 곳을 뒤로하고 한국으로 나오셨다! 이 무슨 복인가!

부족하지만 케노시스 하려고 힘썼을 때, 나는 세상이 볼 수도, 알 수도 없는 관계들을 통해 말로 표현할 수 없는 축복을 누렸다. 그 축복은 건물도, 금도, 은도 아니었다. 그 축복은 모두 '사람들'이었다! 교회가, 그리고 내 인생이 반짝반짝 빛나고 있었다! 빌립보교회가 거기 있었다!

물론 실패한 관계들도 있었다. 상처를 주고받으며 관계가 깨진 경우도 허다했다. 타락한 인간이 어떻게 완전하겠는가? 그럼에도 불구하고 내 삶의 목표는 여전히 사람들이다. 사람들이야말로 하나님이 내게 주신 가장 소중한 보석이며, 가장 큰 기쁨이다. 나의 수고는 헛되지 않으며, 그리스도의 날에 자랑할 것이 있을 것이다! 할렐루야!

(3) 당신의 달음질은 어디를 향하는가?

바울의 헛되지 않은 수고, 그가 달음질하는 이유가 빌립보교회였다면 당신은 어떤가? 당신의 인생을 헛되지 않게 하고, 당신의 심장을 달음질하게 하는 것은 무엇인가? 성경은 이야기한다. 헛되지 않은 수고는 세상과 다른 삶을 사는 사람들, 세상과 다른 관계를 맺는 사람들을 세우는 일, 다시 말해, 교회를 세우는 일이라고 말이다.

이 말을 잘 이해했으면 좋겠다. 교회 조직이나 건물을 세운 다는 이야기가 아니다. 교회는 사람이다. 하나님 앞에서 자아가 부인된 사람들! 그래서 하나님의 말씀에 절대적으로 순종함으로써 세상과는 다른 삶을 살아가는 사람들 말이다. 이 사람들이 곧 교회다. 바울에게는 생명을 줘도 아깝지 않은 사람들이 있었다. 빌립보교회 말이다. 바울에게는 이 '사람들을 세우는 것'이 헛되지 않은 수고였으며 이 빌립보교회가 달음질하는 이유였다.

4. 케노시스의 사람들

바울은 빌립보서 2장 17절과 18절에서 이렇게 이야기한다.

[빌 2:17-18] 만일 너희 믿음의 제물과 섬김 위에 내가 나를 전제로 드릴지라도 나는 기뻐하고 너희 무리와 함께 기뻐하리니 이와 같이 너희도 기뻐하고 나와 함께 기뻐하라

'전제'란 포도주를 쏟아부어서 드리는 제사다. 그렇기에 "나를 전제로 드린다"라는 말은 "너희를 위해 나의 인생을 쏟아붓는다"는 뜻이다. 나의 시간을 쏟아붓고, 나의 에너지를 쏟아붓고, 나의 힘을 쏟아붓고, 결국 나의 생명까지 쏟아붓는

다는 뜻이다.

쏟아부어진 포도주는 다시 담을 수 없다. 낭비되고 끝난다. 바울은 빌립보 교인들, 빌립보교회를 위해 자신의 인생이 그렇게 낭비되어도 기쁘고 또 기뻤다. 이러한 바울의 수고와 희생을 통해 빌립보교회가 세워졌고, 이 교회를 통해 세상에 빛과 생명의 말씀이 드러났다. 바로 이 사실로 인해 바울의 인생은 헛되지 않게 되었고, 이 사람들로 인해 바울은 그리스도의 날에 자랑할 것이 있게 되었다.

그렇다. 바울 인생의 목적은 '사람들'이었고, 바울 인생의 기쁨 역시 '사람들'이었다. 당신은 어떤가? 당신에게도 그 '사람들'이 있는가? 혹시 아직 무엇을 위해 달음질해야 할지 모르겠는가? 망설일 필요 없다. 고민할 필요도 없다. 성경이 당신에게 권면한다. 사람들을 위해 달음질하라고, 교회를 위해 수고하라고 말이다.

당신은 교회를 세우는 이 위대한 하나님의 일에 진심으로 뛰어들어본 적이 있는가? 당신에게 교회는 그저 좋은 설교와 영적 자양분을 공급받는 플랜트(plant)인가? 아니면 당신의 인생을 전제로 쏟아부어 섬기고 싶고 세우고 싶은 삶의 이유인가? 당신에게도 그리스도의 날에 자랑할 것이 있게 하는 빌립보 성도와 같은 '그 사람'이 있는가? 당신의 인생을 전제로 부어드려도 아깝지 않을, 오히려 기쁘고 함께 기뻐할 빌립보교

회가 당신 삶의 이유가 되길 축복한다. 정말 후회함이 없을 것
이다.

PART 4

케노시스의
사람들

chapter 10

바울과 디모데의 케노시스

[빌 2:19-30] 내가 디모데를 속히 너희에게 보내기를 주 안에서 바람은 너희의 사정을 앎으로 안위를 받으려 함이니 이는 뜻을 같이하여 너희 사정을 진실히 생각할 자가 이밖에 내게 없음이라 그들이 다 자기 일을 구하고 그리스도 예수의 일을 구하지 아니하되 디모데의 연단을 너희가 아나니 자식이 아버지에게 함같이 나와 함께 복음을 위하여 수고하였느니라 그러므로 내가 내 일이 어떻게 될지를 보아서 곧 이 사람을 보내기를 바라고 나도 속히 가게 될 것을 주 안에서 확신하노라 그러나 에바브로디도를 너희에게 보내는 것이 필요한 줄로 생각하노니 그는 나의 형제요 함께 수고하고 함께 군사 된 자요 너희 사자로 내가 쓸 것을 돕는 자라 그가 너희 무리를 간절히 사모하고 자기가 병든 것을 너희가 들은 줄을 알고 심히 근심한지라 그가 병들어 죽게 되었으나 하나님이 그를 긍휼히 여기셨고 그뿐 아니라 또 나를 긍휼히 여기사 내 근심 위에 근심을 면하게 하셨느니라 그러므로 내가 더욱 급히 그를 보낸 것은 너희로 그를 다시 보고 기뻐하게 하며 내 근심도 덜려 함이니라 이러므로 너희가 주 안에서 모든 기쁨으로 그를 영접하고 또 이와 같은 자들을 존귀히 여기라 그가 그리

스도의 일을 위하여 죽기에 이르러도 자기 목숨을 돌보지 아니한 것은 나를 섬기는 너희의 일에 부족함을 채우려 함이니라

바울은 어그러지고 거스르는 세대 가운데 케노시스로 만들어지는 공동체, 찬란하게 빛나는 교회로 인해 기뻐하고 또 기뻐했다. 바울과 함께 기뻐하며 그의 '기쁨'이 되었던 '무리' 중에는 디모데와 에바브로디도가 있었다.

빌립보서 2장 후반부에서 바울은 이 두 사람에 대해 이야기한다. 바울은 이 두 사람과 세상과는 다른 종류의 관계를 누리고 있었다. 이들의 관계는 어그러지고 거스르는 세상 가운데서 흠이 없고 순전한 관계, 즉 케노시스에 기초한 관계가 무엇인지를 보여준다.

디모데와 에바브로디도에 관한 바울의 전언을 통해서, 자기부인과 케노시스에 기초한 하나님 안에서의 관계가 세상과는 어떻게 다른지 살펴보자. 우리 안에도 바울과 디모데, 바울과 에바브로디도와 같은 관계가 만들어지기를 기대한다.

1. 자녀됨의 축복, 아버지됨의 기쁨

디모데는 바울에게 특별한 사람이었다. 디모데는 바울이 사랑하는 제자였고, 그의 영적 아들이었다. 반대로 바울도 디모

데에게 특별한 사람이었다. 바울은 그의 스승이었고, 영적 아버지였다. 이 관계는 모든 크리스천이 하나님 안에서 반드시 가져야 할 중요한 관계의 모델을 보여준다. 바로 영적인 아버지와 자녀.

여러분에게는 영적인 아버지가 있는가? 여러분을 복음 안에서 낳고, 하나님의 말씀으로 양육해준 영적인 아버지가 있는가? 또 여러분에게 영적인 자녀가 있는가? 복음 안에서 낳아 기도와 말씀으로 훈육한 영적 자녀가 있는가? 하나님께서는 우리도 바울과 디모데처럼 예수 안에서 아버지와 자녀의 관계를 누리기 원하신다. 그것은 어그러지고 거스르는 세상에서는 볼 수 없는 관계다. 오직 케노시스의 관문을 통과해서만 얻어지는 관계다.

그러나 슬프게도 오늘날 너무나 많은 크리스천이 영적인 고아 상태다. 자신을 낳아주고 양육해준 영적인 아버지가 없다. 그 결과 고아처럼 다듬어지지 않은 내면과 거친 인격으로 좌충우돌하며 고생한다. 아버지가 없을 뿐 아니라 불임으로 영적인 자녀 또한 없다. 이로 인해 마땅히 누려야 할 관계의 축복을 놓치고 있다.

부모에게 가장 큰 기쁨은 자녀이고, 자녀에게 가장 큰 축복은 부모이다. 육적으로만이 아니라 영적으로도 그렇다. 바울과 같은 영적인 부모가 있다는 것은 이 땅에서 누릴 수 있는 가장 큰 축복이고, 디모데와 같은 영적인 자녀가 있는 것은 이 땅에서 누릴 수 있는 가장 큰 기쁨이다. '자녀됨'에는 축복이 있고, '아버지됨'에는 기쁨이 있다. 즉 누군가의 영적인 아버지가 될 때 기쁨이 있고, 누군가의 영적인 자녀가 될 때 축복이 있다.

빌립보서 2장 후반부 말씀은 디모데가 바울에게 어떤 존재였는지를 이야기하고 있다. 이를 통해 우리는 '영적 자녀됨'이 어떤 것인지 볼 수 있다. 누군가의 영적 자녀가 되는 축복을 누리기 원한다면 디모데와 같이 행하라. 디모데는 영적인 자녀가 그의 영적인 아버지를 어떻게 따라야 하는지를 보여주는 모델이다. 디모데가 바울을 대하듯이 하나님께서 당신 위에 세우신 리더를 대하라. 하늘의 축복이 있을 것이다.

2. 디모데의 케노시스

빌립보서 2장에서 바울은 디모데를 네 가지로 묘사한다.

[빌 2:19-20] 내가 디모데를 속히 너희에게 보내기를 주 안에서 바람은 너희의 사정을 앎으로 안위를 받으려 함이니 이는 뜻을 같이하여 너희 사정을 진실히 생각할 자가 이밖에 내게 없음이라

첫째, 디모데는 안심하고 대신 보낼 수 있는 사람이다. 둘째, 디모데는 자기 일이 아니라 예수의 일을 먼저 구하는 사람이다. 셋째, 디모데는 복음 안에서 연단과 수고를 통해 다루어진 사람이다. 넷째, 디모데는 자식이 아버지에게 하는 것처럼 바울을 대하는 사람이다.

이 네 가지 중에서 이번 장에서는 첫 번째에 대해서 먼저 살펴보고자 한다.

(1) 안심하고 대신 보낼 수 있는 사람

디모데는 바울이 안심하고 자기 대신 보낼 수 있는 사람이었다. 이런 관계는 결코 쉽지 않다. 오죽하면 바울도 "디모데밖에 내게 없음이라"고 했을까. 바울이 디모데에 대해 이렇게 이야기할 수 있었던 이유가 있었다.

뜻을 같이하여

바울은 "뜻을 같이하여"라고 이야기한다. 디모데는 바울과 뜻, 즉 생각이 같았다.

디모데는 겸손했다. 그의 겸손은 '자신의 뜻'을 비우고 그곳에 '바울의 뜻'을 채우는 것이었다. 그는 하나님께서 바울을 통해 일하시는 것을 보았고, 그 바울을 자신의 리더로 세우신 것을 알았기 때문이다.

사실 하나님께서 누군가를 통해 일하시는 것을 보고, 알아도 자신을 비우고 그 사람을 통해 일하시는 하나님의 뜻으로 나를 채우는 것은 결코 쉬운 일이 아니다. 사람들은 모두 '나'를 통해 일하시는 하나님을 원하지, '바울을 통해 일하시는 하나님'을 원하지 않는다.

이것이 교회가 어려움을 겪는 이유이고, 당신에게 '바울'(영적 아버지)이 없는 이유다. '바울의 뜻으로만 움직이는 거라면, 나는 뭐지?' 바로 이 생각! 하나님의 일을 해도 내가 하고 싶고, 계시를 받아도 내가 받고 싶은 것이 인간이다. 이것이 인간의 자아다.

동등한 사람 앞에서의 자기부인

그런데 디모데는 달랐다. 예수께서 근본 하나님의 본체이시지만 동등됨을 취할 것으로 여기지 않으시고 자신을 비우셨듯이 디모데도 스스로 하나님의 계시를 받아 '디모데의 사역'을 할 수 있는 권리와 능력이 있음에도 불구하고, 그것을 취할 것으로 여기지 않고 자신을 비웠다! 그렇다. 바로 케노시스다.

신학적으로 볼 때, 우리 모두는 제사장이다. 누구나 하나님 앞에 나갈 수 있다. 바울만 특별한 하나님의 사람이 아니며, 디모데에게도 동등한 자격과 권리가 있다. 사도만 더 특별한 하나님의 사람이 아니듯이, 오늘날 목사만 더 특별한 하나님의 사람도 아니다. 만인(萬人)이 하나님 앞에서 동등한 제사장이다.

그러나 이 신학보다 더 중요한 것은 예수님의 마음이다. 그것은 겸손이다. 그 권리를 취하지 않는 것이다. 스스로 자신을 비워 종의 형체를 갖는 것이다. 디모데는 '내 인생은 그저 바울의 종으로 취급되어도 오케이', '위대한 사도 디모데, 뭐 이런 평판이 없어도 오케이'였다. 왜냐하면 디모데의 소원은 하나님의 나라가 세워지는 것이었지 디모데 자신의 이름이 높임을 받는 것이 아니었기 때문이다.

이것이 디모데의 마음이었다. 그리고 바로 이것이 예수님의 마음이기도 하다. 근본 하나님의 본체시나 동등됨을 취할 것으로 여기지 아니하시고, 오히려 자기를 비워 종의 형체를 가지셨던 예수님의 마음 말이다!

종은 주인의 이름과 주인의 집을 위해 일하지, 자신의 이름과 뜻을 주장하지 않는다. 그저 주인의 종으로 만족한다. 디모데가 바로 그랬다. 예수께서 동등한 존재였던 하나님 앞에서 자신을 비우셨듯이 디모데 역시 '동등한 존재'였던 바울이라는 한 인간 앞에서 자신을 비웠다.

사람이 하나님 앞에서 자신을 비우고 뜻을 꺾는 것은 어찌 보면 당연한 일이다. 격이 다르지 않은가! 이것은 겸손이나 케노시스라기보다는 그냥 주제 파악이다. 자기부인이 되지 않은 사람도 하나님 앞에서는 구부린다. 하나님이신데 동등됨을 취하고 말고 할 것도 없다. 동등됨이 있어야 취하든 말든 하지 않겠는가! 하나님 대 사람인데 비교가 되겠는가! 그렇기에 진짜 케노시스, 동등됨을 취할 것으로 여기지 않는 자기부인은 하나님 앞이 아닌, 동등한 존재인 같은 사람 앞에서 자신을 비우는 것이다.

사람들이 흔히 저지르는 실수가 있다. "내가 하나님께는 순종하겠지만, 인간인 리더에게 꼭 순종할 필요가 있나? 모두 동등한 하나님의 백성인데!"라고 하는 것이다.

그런데 정말 그럴까? 그렇다면 예수는? 예수께서는 하나님이시지만, 그 동등됨을 취하지 않으시고 자신을 비우지 않으셨는가! 그렇다. 동등됨을 취하지 않는 것이 케노시스다.

사람 앞에서 여러분은 어떤가? 이것이 케노시스의 본질이다. 케노시스는 물론 하나님 앞에서 시작되지만, 그 진짜 깊이와 능력은 '동등됨을 취하지 않는', 즉 사람 앞에서의 겸손으로 나타난다.

디모데의 특별함은 사람인 바울 앞에서, 그것도 늙고 병들어 은퇴를 앞둔 바울 앞에서 자신을 비우고, 바울의 뜻으로 자신을 채운 것이다. 바울의 '종'이 되기를 선택한 것이다. "바울의 시대는 끝났고, 이제는 내 시대야!"라고 디모데는 말하지 않았다.

물론 아무 앞에서나 '자신을 비우는 것'이 케노시스는 아니다. 누군지도 모르는 '아무 사람의 뜻'으로 자신을 채울 수는 없지 않은가! 사람 앞에서의 케노시스에는 적어도 두 가지 조건이 필요하다. 첫째, 그 사람을 통해 하나님이 일하시는 것이 확실하고(빌 2:21), 둘째, 그가 자신의 영적인 아버지, 즉 하나님께서 내 위에 두신 질서일 때(빌 2:22)다. 이때 자신을 비우고, 그 사람의 뜻으로 자신을 채우는 것이 케노시스다.

사람 앞에서 자신을 비웠던 디모데의 케노시스로 인해 바울은 디모데를 백 퍼센트 신뢰할 수 있었다. '디모데가 가나, 내가 가나 매한가지'라고 믿을 수 있었다.

나는 개인적으로 나와 함께 동역하는 윤성철 목사님께 참 감사하다. 존경과 고마움이 있다. 같이 나이 들어가는 동년배의 동역자이지만, 정말 케노시스 하신 분이다. 10년 넘게 가까이 지내보면 안다. 선교지가 되었든, 집회가 되었든 윤 목사님이 가시면, 정말 내가 직접 간 것처럼 믿음이 간다. 이게 다 윤 목사님의 케노시스 때문이다.

윤 목사님은 교회 일도, 선교지도 한결같이 '고성준 목사를 통해 일하시는 하나님의 뜻'을 세우려 애쓰신다. 사실 윤 목사님도 한 단체의 대표로서 스스로 하시려면 얼마든지 할 수 있는 능력도, 역량도 있으시다. 그런데 내 뜻에 맞추려 힘쓰시고 자신을 비우신다. 참 미안하고 감사하다. 물론 나도 윤 목사님 앞에 케노시스 하려고 애쓴다. 상대 앞에 자신을 비우는 이 케노시스! 이 케노시스가 우리가 함께 갈 수 있었던 이유다.

동역의 비밀

많은 분이 '동역'이라는 이상적인 꿈을 꾼다. 그런데 동역이 성공적인 경우를 보기란 참으로 쉽지 않다. 오래가지 못하는 경우가 허다하다. 왜냐하면 케노시스를 기초로 하지 않기 때문이다. 케노시스 없이 하나님의 일을 하려 하고, 케노시스 없이 동역하려고 하니 불가능한 일이 된다.

케노시스 없이는 '한뜻'이 될 수 없고,
케노시스 없이는 원망과 시비가 없는
'하나됨'을 이룰 수 없다.
케노시스 없이는 동업도, 동역도 가능하지 않다.
괜히 관계만 깨진다.
서로를 향해 '동등됨을 취할 것으로 여기지 않는'
케노시스가 없이는 한뜻으로 하나를 이룰 수 없다.
동업이든 동역이든 다 불가능하다.

디모데가 자신의 뜻을 꺾고 바울의 뜻을 취했을 때, 비로소 세상과는 다른 교회의 영광이 드러나게 되었다. 오늘날 교회 역시 그럴 것이다. 서로를 향해 케노시스 할 때, 하나님 앞에 서만이 아니라 동등한 인간들이 서로를 향해 케노시스 할 때, 우리는 어그러지고 거스르는 세상과는 다른 하늘의 공동체를 보게 될 것이다.

바울이 사도였기 때문에?

"디모데가 케노시스를 이렇게 실현했다면, 바울은 어떻게 실현했을까? 디모데가 영적 아버지인 바울 앞에서 자신의 뜻을 꺾고 케노시스 했다면, 리더였던 바울은 어떻게 되는 걸까? 성도들이 담임목사 앞에서 자신의 뜻을 꺾고 케노시스 했다면, 담임목사는 어떻게 되는 걸까?"

순종한 '디모데의 케노시스'에 관해 묵상하다보면 이런 질문을 던지게 된다. "바울에게는 그 앞에서 자신의 뜻을 꺾을 인간 리더가 없지 않았나? 그러면 바울은 자기 마음대로 해도 된다는 말인가?"

이 부분이 중요하다. 어떤 이들은 바울이 '사도'였기 때문에 다른 제자들과는 달랐다고 말한다. 하나님께서 세우신 사도적 리더들이 있는데 이들은 다른 인간 리더 앞에서 케노시스 할 필요 없이 사도적 리더에게 주어지는 하나님의 뜻을 행할 수 있다고 말이다. 즉, 하나님의 뜻이 직접 부어지는 사도적인 리더들이 있고, 이 사도들에게 주어진 뜻을 중심으로 사람들이 자신의 뜻을 꺾고 한뜻을 이루어감으로써 사도 중심의 공동체가 이루어진다는 것이다.

오늘날도 이런 종류의 사도적 리더십을 성경적이라고 주장하며, 담임목사의 강력한 리더십을 중심으로 성도들의 자기부인과 순종을 강조하는 분들이 있다. 결론부터 이야기하면, 나는 이 의견에 전적으로 동의하기 어렵다. 적어도 한국 교회의 현실에서는 그렇다. 이런 종류의 사도적 리더십을 반성경적이라고 할 수는 없을지 몰라도, 이것만이 성경적이라고 이야기할 수는 없다. 그리고 적어도 오늘날 한국 교회의 현실에는 사도적 리더십이 맞지 않는다고 생각한다.

초대 교회 때 사도적 리더십이 가능했던 이유는 성경을 비롯한 계시가 사도들에게 주어졌던 특별한 때였고, 동시에 핍박이 극심했던 시기였기 때문이다. 그러나 이미 성경의 계시는 완성되었고, 더욱이 우리 사회에는 초대 교회와 같은 핍박이 없다.

우리는 사사기를 통해서 전쟁 시대에 영적 영웅이었던 사사들이 평화 시대에 어떻게 타락했는지를 알고 있다. 인간은 믿을 수 없다. 모두 죄인이다. 슈퍼 크리스천은 없다. 누구든지 배부르면 타락한다. 극심한 핍박 가운데 있는 상황이라면 사도적 리더십이 필요할 수는 있다. 초대 교회 때처럼 말이다.

바울의 케노시스

그런데 나는 이 사도적 리더십이라도 케노시스가 필요하다고 믿는다. 디모데가 바울 앞에서 케노시스 했듯이, 바울 역시 디모데를 향해 케노시스 해야 한다는 것이다.

불가능하다고 생각하는가? 예수님의 모습을 생각해보라. 예수께서는 모든 하늘의 계시와 능력을 가지신 사도 중의 사도이셨다. 아니, 하나님 자신이셨다. 모든 제자가 예수님을 통해 주어진 하나님의 뜻 앞에서 자신의 뜻을 꺾고 케노시스 하는 것이 당연했다.

그러나 예수께서는 이것을 통해 얻어진 결과와 영광을 스스로 취하지 않으셨다. 오히려 제자들에게 양보하셨다. 그렇다. 예수께서도 제자들을 향해 케노시스 하신 것이다. 스스로 모든 사역을 다 하실 수 있으셨지만, 어느 순간이 되었을 때 그 기회를 제자들에게 양보하고 물러나셨다. 제자들에게 힘을 실어주시고, 스스로 십자가로 사라지셨다.

케노시스다! 그뿐만 아니라, 그 사역의 결과로 주어지는 영광도 스스로 취하지 않으셨다. 오히려 제자들에게 양보하셨다. 아이러니하게도 그로 인해 더 큰 존경과 영광을 받으셨지만 말이다.

사도적 리더였던 바울 역시 케노시스에서 예외일 수 없었다. 디모데와 에바브로디도가 바울을 향해 케노시스 했듯이, 바울 역시 디모데와 에바브로디도를 향해 케노시스 해야 했다.

물론 디모데의 케노시스와 바울의 케노시스는 그 내용이 달랐다. 디모데의 케노시스가 '자신의 뜻과 의지'를 꺾는 것이었다면, 바울의 케노시스는 '기회와 영광'을 포기하는 것이었으니까 말이다.

내용이 무엇이든, 각 사람은 처한 위치에서 자아를 꺾어야 한다. 공동체의 '한뜻'을 위해 바울은 자신의 뜻을 지켜야 할 수도 있다. 그것이 하나님의 뜻을 받은 사도적 은사의 기능이었으니까 말이다. 그러나 바울 역시 케노시스를 피할 수는 없었다. 그의 케노시스는 제자들의 성공을 위해 기회와 영광을 포기하는 것이었다.

나는 오늘날 교회에 필요한 케노시스 역시 이와 같다고 믿는다. 모두가 똑같은 모습의 케노시스는 아닐 수 있다. 부르심의 기능에 따라 드러나는 케노시스의 내용은 다를 수 있다. 그러나 자아를 부인하고 하나님으로 채운다는 그 본질에는 예외가 있을 수 없다.

공동체의 모든 지체가 각자 하나님 앞에서, 그리고 서로가 서로를 향해 케노시스 할 때 '저 사람을 통해 주신 비전' 앞에 나의 생각을 꺾고, 비전을 받은 자는 그 기회와 영광을 형제자매에게 양보할 때 비로소 세상과는 다른, 원망과 시비가 없는 거룩한 기쁨의 공동체가 이루어지게 될 것이다.

3. 아들됨의 축복

디모데가 바울과 그저 뜻을 같이 하기만 한 것은 아니다. 디모데는 그 뜻에 '진심'이었다.

> [빌 2:20] 이는 뜻을 같이하여 너희 사정을 진실히 생각할 자가 이 밖에 내게 없음이라

바울은 디모데를 "진실히 생각할 자"라고 불렀다. 바울이 그랬듯이 디모데도 빌립보교회의 사정을 '진실히' 생각했다. 여기서 '생각하다'의 원어적 의미는 "염려하다"이다. 디모데는 빌립보교회를 정말 염려했다.

누군가를 믿고 대신 보내려면 이 '진실로 염려하는 마음'이 있어야 한다. 자기 마음대로 하지는 않아도 그저 설렁설렁 진심 없이 일한다면 어떨까? 조금 해보고 힘들면 '몰라. 바울 사도의 일이지, 내 일인가 뭐!' 이런다면 어떨까? 안심하고 보낼 수 없을 것이다.

디모데는 그런 사람이 아니었다. 디모데에게 바울의 일은

곧 자신의 일이었고, 그것은 곧 하나님의 일이었다. 디모데에게는 '바울의 일'과 '나의 일' 그리고 '하나님의 일'이 구분되어 있지 않았다.

세상과 다른 공동체에게는 이 스피릿(spirit)이 있어야 한다. '네 일', '내 일'이 아니라 그저 '우리 일', '하나님의 일'이 있을 뿐이다. 이 '우리' 스피릿이 세상과는 다른 빛남을 만들어 낸다.

당신에게 '교회'는 어떤 의미인가? 자신을 비우고 교회로 가득 채울 의지가 있는가? 교회의 비전을 진실히 생각하는가? 당신이 가는 곳이 교회가 가는 곳인가? 그렇다면 당신은 디모데다.

디모데의 마음이 있을 때 우리는 비로소 영적인 아들이 된다. 영적 공동체 안에서 당신의 바울, 영적인 아버지를 가지게 될 것이다. 고아가 되지 말라. 그것은 축복이 아니다. '내겐 왜 바울이 없는 거야!'라고 불평하기 전에 자신이 디모데인지를 먼저 돌아보라. 바울 앞에서 내 생각과 의지를 꺾고 있는가? 바울의 일이 곧 내 일이기 때문에 진심으로 그것을 행하고 있는가? 우리 교회를 향한 하나님의 생각이 곧 내 생각이며, 교회를 향한 하나님의 일이 곧 내 일이기 때문에 그것을 진실히 대하고 있는가? 혹 설렁설렁하고 있지는 않은가?

내가 디모데가 될 때 영적인 아버지 바울이 주어진다. 누구나 이런 사람을 아들로 삼고 싶지 않겠는가! 그러나 반대로 자아가 꺾이지 않은 사람, 그래서 고집이 세고, 자기 생각대로 되지 않으면 분노하고, 무언가를 부탁하면 마지못해 설렁설렁하는 사람이 있다면, 누가 이런 사람을 아들 삼고 싶겠는가? 내가 몸으로 낳은 자식도 아닌데 말이다.

영적 아버지가 없는 이유는 분명하다. 나에게 디모데와 같은 아들됨이 없기 때문이다. 기억하라. 영적 아들이 되는 비결은 바울 앞에서 내 뜻을 꺾는 케노시스다. 그리고 진심으로 바울의 뜻을 행하는 충성됨이다. 아들의 축복을 누리시는 여러분이 되시길 축복한다.

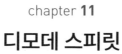

chapter **11**

디모데 스피릿

[빌 2:19-24] 내가 디모데를 속히 너희에게 보내기를 주 안에서 바람은 너희의 사정을 앎으로 안위를 받으려 함이니 이는 뜻을 같이하여 너희 사정을 진실히 생각할 자가 이밖에 내게 없음이라 그들이 다 자기 일을 구하고 그리스도 예수의 일을 구하지 아니하되 디모데의 연단을 너희가 아나니 자식이 아버지에게 함같이 나와 함께 복음을 위하여 수고하였느니라 그러므로 내가 내 일이 어떻게 될지를 보아서 곧 이 사람을 보내기를 바라고 나도 속히 가게 될 것을 주 안에서 확신하노라

빌립보서 2장의 후반부는 디모데와 에바브로디도에 관한 이야기를 담고 있다. 케노시스는 세상과는 다른 빛나는 공동체로 드러나고, 케노시스를 통해 우리는 이전과는 다른 방식으로 관계를 맺기 시작한다. 경쟁이 아닌 희생의 관계, 시기가 아닌 축복의 관계, 나 중심의 관계가 아닌 하나님 중심의 관계, 나아가 형제자매 중심의 관계를 맺어가게 된다.

이것이 하나님이 창조하신 원래의 모습이다. 우리는 원래 서로서로 관계 맺도록 지음 받았다. 케노시스를 통해 자아가

부인될 때, 우리는 이전에는 알지도 경험하지도 못했던 새로운 관계로 들어가게 된다. 성경은 이것을 '새로운 피조물'이라 부른다. 이 새로운 피조물이 교회의 참모습이다.

케노시스를 통해 우리는 영적인 아버지가 되고 자녀가 된다. 가정을 이루는 기본 유닛이 부모와 자녀인 것처럼 교회를 이루는 가장 기본적인 유닛도 부모와 자녀이다. 부모 자녀의 관계를 통해 세대가 이어지듯이 교회도 '영적 아버지, 영적 자녀됨'의 관계 사슬들이 이리저리 연결되면서 하나의 몸으로 세워져 간다.

그러나 슬프게도 현대 교회는 이 본질을 많이 상실했다. 교회는 영적인 '아버지됨의 기쁨'과 '자녀됨의 축복'이 흐르는 곳이다. 이러한 아버지됨과 자녀됨을 통해 교회는 비로소 교회의 모습을 이루어간다.

그렇다면 어떻게 이룰 수 있을까? 디모데의 마음을 가질 때 자녀됨을 누릴 수 있다. 바꿔 이야기하면 우리에게 영적인 아버지가 없는 것은 하나님이 주지 않으셨기 때문이 아니라 우리 안에 디모데의 마음, 디모데의 스피릿이 없기 때문이다.

디모데의 마음과 스피릿이 있을 때, 우리는 교회 안에서 영적인 아버지를 가지게 된다. 가질 수밖에 없다. 그리고 그렇게 될 때 비로소 교회는 교회 본래의 모습으로 세워져 간다. 디모데의 스피릿을 통해 당신에게도 교회 안에서와 그리스도 안에서 자녀됨의 축복이 충만하기를 기도한다.

다시 복습하면 바울이 묘사하는 디모데 스피릿은 네 가지다.

첫째, 디모데는 안심하고 대신 보낼 수 있는 사람이다. 둘째, 디모데는 자기 일이 아니라 예수의 일을 먼저 구하는 사람이다. 셋째, 디모데는 복음 안에서 연단과 수고를 통해 다루어진 사람이다. 넷째, 디모데는 자식이 아버지에게 하는 것처럼 바울을 대하는 사람이다.

지난 장에서는 첫 번째 '안심하고 대신 보낼 수 있는 사람'에 대해 살펴봤다. 이번 장에서는 디모데 스피릿의 나머지 세 가지에 관해 살펴보고자 한다.

1. 자기 일이 아니라 예수의 일을 먼저 구하는 자

디모데 스피릿의 두 번째 특징이 21절에 나온다.

[빌 2:21] 그들이 다 자기 일을 구하고 그리스도 예수의 일을 구하지 아니하되

디모데는 자기 일이 아니라 그리스도 예수의 일을 먼저 구하는 사람이었다. 다른 이들은 모두 '자기 일'을 구하고 예수

의 일을 구하지 않았지만, 디모데는 그러지 않았다. 디모데는 자기 일보다 그리스도 예수의 일을 먼저 구했다. 이것이 디모데의 스피릿이다. 생각보다 이 스피릿을 가진 사람을 만나는 건 쉽지 않다. 대부분의 사람은 자신의 것을 먼저 챙기고 나서 그리스도의 일을 챙긴다. 시간도 그렇고 재정도 그렇다.

심지어는 그리스도 예수의 일을 먼저 구하는 것을 불편해할 뿐 아니라 분노하기까지 한다. 자기가 그렇게 못할 뿐 아니라, 그렇게 하는 사람이 있으면 광신도라고 손가락질하고, 나에게 그렇게 하라고 도전하면 분노하고 화를 낸다. 디모데의 스피릿을 가진 사람을 만나기가 쉽지 않다.

예수를 위한 일이라면 하던 일을 던져두고 뛰어드는 충성됨, 이것이 하나님께서 디모데를 특별히 사용하신 이유이자 바울이 디모데를 영적 아들로 선택한 이유였다.

영적인 아버지들이 어떤 사람을 영적인 아들로 선택하겠는가? 자기 일이 아니라 예수의 일을 먼저 구하는 사람이다! 디모데의 스피릿이 있는 사람을 선택한다. 예수께서도 그러셨기 때문이다.

(1) 예수님의 선택 기준

[막 1:17-20] 예수께서 이르시되 나를 따라오라 내가 너희로 사람

을 낚는 어부가 되게 하리라 하시니 곧 그물을 버려 두고 따르니라 조금 더 가시다가 세베대의 아들 야고보와 그 형제 요한을 보시니 그들도 배에 있어 그물을 깁는데 곧 부르시니 그 아버지 세베대를 품꾼들과 함께 배에 버려두고 예수를 따라가니라

예수께서는 어떤 사람을 제자로 뽑으셨을까? 학벌? 능력? 재력? 가문? 그런 것들에 대해선 아무런 언급이 없다. 기준은 딱 하나였다. "그물을 버려두고", 그것도 "곧" 즉시 그물을 버려두고 예수를 따라간 이들을 선택하셨다. 예수의 제자들은 아버지와 품꾼들을 배에 버려두고 즉시 예수를 따랐다. 예수의 일을 먼저 구하는 '디모데의 스피릿'이었다!

그렇다. 예수께서 제자를 선택하신 기준은 이 하나였다. 자기의 일보다 그리스도 예수의 일을 먼저 구하는 자! 이것이 제자의 유일한 조건이었다. 적어도 기록된 조건은 이것밖에는 없다.

제자의 조건은 간단하고 명료하다. "내 일보다 그리스도 예수의 일을 먼저 구하는가?" 이것이 하나님이 사용하시는 사람의 조건이다. 그리고 이 스피릿이 없으면 죽도 밥도 안 된다. 바로 이것이 케노시스다. 케노시스의 구체적인 모습은 내 일보다 이웃을 먼저 생각하는 것이며, 내 일보다 그리스도 예수의 일을 먼저 생각하는 것이다.

(2) 현대 교회 안에서 디모데를 보기 힘든 이유

예수님뿐 아니라 바울도 동일한 조건으로 제자를 선택했다. 나도 마찬가지다. 신뢰하고 시간과 에너지를 쏟을 사람을 선택할 때 중요하게 보는 것은 바로 "자신의 일보다 그리스도 예수의 일을 먼저 구하는가?" 하는 것이다. "예수를 위한 일이라면 하던 일도 중단하고 그 일에 뛰어드는가?"가 제일 중요하다. 다른 조건은 다 부수적일 뿐이다.

이 스피릿은 꼭 성숙해야만 가질 수 있는 것은 아니다. 열정은 성숙과는 다른 것이다. 성숙은 나중에 다듬어 가면 되지만, 열정은 시간이 흐른다고 저절로 생기지 않는다. 성숙하지 않아도 괜찮다. 다듬어 가면 된다. 그러나 하나님을 향한 열정이 없다면, 그건 괜찮지 않다. 자신의 일보다 그리스도 예수의 일을 먼저 구했던 디모데의 스피릿이 당신에게도 충만하기를 바란다.

현대 교회에서 영적인 아버지와 자녀의 관계를 보기 힘든 것은 자기 일보다 그리스도의 일을 먼저 구하는 디모데를 찾기 힘들기 때문일 것이다. 예수께서 오셔도 뽑을 제자가 없는 슬픈 현실이 교회의 본질을 무너뜨리고 있지 않은지 심각하게 돌아봐야 한다.

2. 복음 안에서 다루어진 자

디모데의 세 번째 스피릿은 복음 안에서 연단을 받은 사람이었다는 것이다.

[빌 2:22] 디모데의 연단을 너희가 아나니…

여기서 '연단'은 헬라어 '도키메'로 "시험, 신임, 증거, 시련" 등의 의미다. 다시 말해 '연단'은 시련을 통해 증명되는 것을 의미한다. 디모데는 연단을 통해 증명된 사람이었다. 말로만 믿음 있고 충성된 자가 아니라 환난과 시련을 통과하며 그가 얼마나 충성된 사람인지를 증명했다.

영적 자녀됨에는 이 검증의 과정이 반드시 필요하다. 케노시스는 쉽게 이루어지지 않는다. 바울은 12절에서 "항상 복종하여 두렵고 떨림으로" 구원을 이루라고 했다. 연단을 통해, 견디기 힘든 역경을 통해 자아가 다루어져야 한다. 저절로, 쉽게 되지 않는다.

사람들은 자아가 다루어질 만한 상황이 오면 자아를 꺾는 대신 그 상황을 회피한다. 관계를 끊거나 다른 교회로 옮겨간다. 교회 안에서도 소그룹을 옮겨 다닌다. 이 과정을 반복하면 자아는 다루어지지 않고 신앙경력만 쌓여간다. 집사, 장로, 목사, 선교사로 말이다.

바울에게도 여러 제자가 있었다. 그런데 연단을 통과하여 증명된 사람은 그리 많지 않았다. 힘든 상황 앞에서 마가는 자아를 꺾는 대신 도망가는 길을 선택했고(나중에 회개하고 돌아오긴 했지만), 데마는 세상의 유혹이 왔을 때 바울을 떠났다.

자아를 꺾는 대신 회피한 것이다. '바울처럼은 못 살아!' 하며 도망간 사람도 있었고, 자아가 건드려지자 튕겨 나간 사람도 있었을 것이다. 누군가의 영적 자녀가 된다고 하는 것은 끊임없이 연단을 통과하며 자아가 부인되는 것을 증명해 가는 과정이다.

그런데 현대 교회는 성도들의 자아를 연단하지도, 검증하지도 않는다. 아니, 이것을 검증하려 했다가는 인권침해로 고소당할 것이다. '불편하게 느끼지 않을 권리'를 침해당했다고 말이다. 그러나 우리 자아는 불편해야 한다. 자아는 불편하고 절망적인 상황을 통해서만 연단되고 검증되기 때문이다.

디모데는 연단을 통해 그의 케노시스가 검증된 사람이었다. 그것이 디모데를 영적 아들이 되게 했다. 오늘날 많은 크리스천이 영적인 아버지 없이 고아로 떠도는 것은 연단을 회피하기 때문이다. 자아를 꺾기 싫어하기 때문이다.

3. 자식이 아버지에게 함같이

마지막으로 네 번째 특징은 디모데는 바울 대하기를 자식이 아버지를 대하는 것같이 했다는 것이다.

> [빌 2:22] …자식이 아버지에게 함같이 나와 함께 복음을 위하여 수고하였느니라

(1) 인격적 케노시스 vs 비인격적 케노시스

디모데가 바울을 아버지처럼 대했다는 사실은 케노시스를 이해하는 중요한 열쇠가 된다. 바로 이것이 디모데의 케노시스를 인격적 케노시스로 만들어주는 대목이기 때문이다.

디모데는 기계적으로 바울에게 순종하고, 맹목적으로 바울의 뜻을 추종했던 것이 아니다. 디모데에게 바울은 감사하고 존경하는 육신의 아버지 같은 존재였다.

케노시스의 원동력, 자신을 비울 수 있는 원동력은 다름 아닌 '사랑'이다. 자신을 비우고 바울에게 충성했던 디모데의 케노시스는 바울을 향한 사랑과 존경에 기인했다. 이 케노시스는 불교나 도교처럼 삼라만상을 잊는 '무념무상'의 비움이 아니다. 그것은 비인격적 케노시스다. 디모데의 케노시스는 인격을 비워 '비인격'이 되는 비움이 아니었다. 디모데의 케노시스는 오히려 '참 인격'이 되는 것이었는데, 그것이 바로 '사랑'이었다.

(2) 사랑, 진정한 케노시스

누군가를 진심으로 사랑할 때, 우리는 자신을 비우고 그 사람으로 가득 차게 된다. 사랑에 빠진 청년은 종일 그녀 생각으로 가득 차 있다. 자신의 일은 까맣게 잊는다. 알바 시간도 잊고, 기말시험 걱정도 잊은 채 오직 그녀 생각으로 가득하다. 왜 그럴까? 간단하다. 사랑하니까!

사랑의 본질은 나를 비우고 그 사람으로 채우는 것이다. 자아는 '나'를 생각하지만, 사랑은 '너'를 생각한다. 자아는 '나'를 기쁘게 하려 하지만, 사랑은 '너'를 기쁘게 하려 한다. 자아는 '나'를 위해 살지만, 사랑은 '너'를 위해 산다. 자아는 '나를 중심으로' 생각하고 계획하고 움직이지만, 사랑은 '너를 중심으로' 생각하고 계획하고 움직인다. 자아는 나의 감정과 나의 기쁨 그리고 나의 고통과 행복이 중요하지만, 사랑은 너의 감정이 중요하다. 자아는 '나'의 유익에 집착하지만, 사랑은 '너'의 유익을 먼저 생각한다.

[고전 13:4-7] 사랑은 오래 참고 사랑은 온유하며 시기하지 아니하며 사랑은 자랑하지 아니하며 교만하지 아니하며 무례히 행하지 아니하며 자기의 유익을 구하지 아니하며 성내지 아니하며 악한 것을 생각하지 아니하며 불의를 기뻐하지 아니하며 진리와 함께 기뻐하고 모든 것을 참으며 모든 것을 믿으며 모든 것을 바라며

모든 것을 견디느니라

사랑하면 케노시스의 모든 현상이 저절로 다 나타나게 된다! 어린아이를 돌보는 엄마를 보라. 자신의 모든 뜻과 원함과 필요를 '아기'를 위해 비운다. 그리고 온통 아이 생각으로 가득하다. 하루종일 아기 생각뿐이다. 아기의 뜻을 위해서라면 잠도 자지 않는다. 기본적인 생존의 필요까지 포기한다. 왜 그럴까? 사랑하니까!

케노시스는 비움 자체가 목적인 비인격적인 자기부인과는 다르다. 케노시스의 목적은 비움이 아니다. 케노시스의 목적은 오히려 채움이다. 디모데는 바울의 뜻과 원함으로 자신을 가득 채웠다. 왜냐고? 사랑하기 때문에! 하나님의 뜻과 원함으로 나를 가득 채운다. 왜냐고? 사랑하기 때문에! 이것이 디모데의 케노시스였다.

(3) 디모데의 케노시스

디모데는 늙은 바울을 아버지처럼 섬겼다. 바울을 섬긴다고 떨어질 떡고물은 전혀 없었다. 바울은 늙고 병들었고 옥에 갇혔다. 그 정도 따라다니고 섬겼으면, 이제 나도 내 생각대로 할 나이가 되었다고 생각할 수도 있었다. '내가 언제까지 바울의 종노릇만 하랴! 내 나이도 이제 먹을 만큼 먹었는데. 나도 내 사역할 때가 되었지! 이제 독립이다!' 하지만 디모데는 그렇게 하지 않았다. 늙고 노쇠한 바울, 죽을 날이 얼마 남지 않은 노인, 옥에 갇혀 후배들을 위해 해줄 수 있는 것이라고는 아무것도 없는 죄수, 그럼에도 불구하고 디모데는 바울의 종 노릇을 하고 있다.

[빌 2:7] 자기를 비워 종의 형체를 가지사

디모데에게서 예수님의 모습이 보이지 않는가? 크고 화려하게 성공한 사역자에게서 예수님의 모습이 보이는 것이 아니라 충성되고, 우직하고, 요령 없고, 자기 것 챙길 줄 모르는 바울의 종, 바보 디모데. 이 바보 같은 사람에게서 '종의 형체'를 가지셨던 예수님의 모습이 보인다. 그리고 하나님께서 지극히 높이신 분은 바로 이런 바보 같은 사람, 예수셨다. 적어도 천국에서는 이런 사람이 큰 자다. 잊지 말자. 케노시스의 핵심은 사랑이다. 케노시스의 핵심은 충성이다.

디모데는 정말 자신의 인생을 온전히 드려 헌신했다. 바보 같이 바울을 섬겼다. 요령 없이 바울을 섬겼다. 자기 것 챙기지 않고 바울을 섬겼다. 이처럼 바보 같은 디모데! 이런 자를 하나님께서 현대 교회 안에서 보고 싶어 하시지 않을까?

하나님의 사랑은 대가를 바라지 않는 순수한 사랑이다.

그래서 약삭빠른 현대인에게는 바보처럼 보인다. 그러나 이 바보 같음이 교회를 아름답게 하고, 세상과 다르게 하는 생명이다.

디모데의 이 바보 같음이 바울과 디모데의 관계를 특별하고 아름답게 했듯이 오늘날 교회 안에서 이 특별한 아름다움을 다시 볼 수 있다면 그것이야말로 가장 감격적인 일이 아닐까? 그것이 진짜 복음의 능력이다. 교회는 서로를 향해 바보같이 케노시스 하는 사랑을 통해 하나님의 나라를 세상에 나타내는 놀라운 영광이다. 이 영광과 축복이 여러분의 삶 속에도 충만하기를 축원한다.

chapter **12**

에바브로디도 스피릿

[빌 2:25-30] 그러나 에바브로디도를 너희에게 보내는 것이 필요한 줄로 생각하노니 그는 나의 형제요 함께 수고하고 함께 군사된 자요 너희 사자로 내가 쓸 것을 돕는 자라 그가 너희 무리를 간절히 사모하고 자기가 병든 것을 너희가 들은 줄을 알고 심히 근심한지라 그가 병들어 죽게 되었으나 하나님이 그를 긍휼히 여기셨고 그뿐 아니라 또 나를 긍휼히 여기사 내 근심 위에 근심을 면하게 하셨느니라 그러므로 내가 더욱 급히 그를 보낸 것은 너희로 그를 다시 보고 기뻐하게 하며 내 근심도 덜려 함이니라 이러므로 너희가 주 안에서 모든 기쁨으로 그를 영접하고 또 이와 같은 자들을 존귀히 여기라 그가 그리스도의 일을 위하여 죽기에 이르러도 자기 목숨을 돌보지 아니한 것은 나를 섬기는 너희의 일에 부족함을 채우려 함이니라

디모데에 이어서 에바브로디도에 대해 살펴보자. 에바브로디도 역시 디모데와 같이 바울의 영적 아들이었다. 그렇기 때문에 에바브로디도 역시 바울과 케노시스에 기초한 관계를 누렸다. 그도 디모데처럼 자신을 비우고 예수 그리스도로, 그리

고 서로로 가득 채워진 자가 누리는 관계를 누렸다.

바울은 이 관계를 크게 세 가지로 묘사하는데, 디모데의 경우와는 그 결이 조금 다른 것을 발견할 수 있다. 바울이 에바브로디도에 대해 무엇이라고 묘사하는지 살펴보면서, 우리도 이런 관계를 누리게 되기를 기대한다.

1. 형제

첫째, 바울은 에바브로디도를 '형제'라고 부른다.

[빌 2:25] 그러나 에바브로디도를 너희에게 보내는 것이 필요한 줄로 생각하노니 그는 나의 형제요 …

(1) 존재적 관계

'형제'란 '존재적 관계'다. 아무도 육신의 형제를 조건 봐서 선택하지는 않는다. 형제는 그냥 존재 자체가 형제다. 태어나기를 형제로 태어난 것이다. 그렇기 때문에 형제는 하나님이 맺어주신 관계다.

바울에게 에바브로디도는 형제였다. 특별한 필요에 의해 맺어진 관계도, 조건을 봐서 채용한 관계도 아니었다. 에바브로디도는 존재 자체로 규정된 형제였다. 계약에 의한 관계는 조건에 맞지 않으면 파기하고 끝낼 수 있다. 그러나 형제는 그럴 수 없다. 좀 모자라도, 성에 안 차도 형제는 형제다. 사고를 쳐도 형제고, 속을 썩여도 형제다. 내 선택과는 관계없이 그저 하나님께서 형제로 창조하셨기에 존재 자체가 형제다. 바울에게 에바브로디도는 그런 존재였다.

(2) 평등하고 동등한 관계

또한 형제 안에는 어떤 서열도 계급도 없다. 형제 사이에는 위계(hierarchy)가 없다. 모두가 평등하고 동등하다. 주어진 직분과 은사에 따라 다르게 움직일 뿐, 허드렛일을 한다고 '종'이 아니고, 있어 보이는 일을 한다고 '왕'도 아니다. 모두 한 형제일 뿐이다. 큰형부터 막내까지 질서는 있지만 계급은 없다. 모두 같은 부모를 둔, 똑같이 소중하고 존귀한 형제다. 차별도 계급도 없다.

　하나님이 기획하신 새로운 사회에서는 모두가 형제다. 왕도 없고 종도 없다. 상사도 없고 부하도 없다. 심지어 예수께서도 우리와 '형제됨'을 취하셨다.

[요 15:15] 이제부터는 너희를 종이라 하지 아니하리니 종은 주인이 하는 것을 알지 못함이라 너희를 친구라 하였노니 내가 내 아버지께 들은 것을 다 너희에게 알게 하였음이라

[마 23:8] 그러나 너희는 랍비라 칭함을 받지 말라 너희 선생은 하나요 너희는 다 형제니라

비록 디모데와 에바브로디도가 세상 사람들의 눈에는 바울의 종처럼 보였지만, 바울에게 이들은 종이 아니라 '형제'였다.

세상은 연봉이나 맡은 일의 중요성에 따라 높고 낮음을 결정하기 때문에, 바울이 주인이고 에바브로디도가 종처럼 보였을지도 모른다. 그러나 하나님의 나라에서는 그렇지 않다. 에바브로디도가 바울의 종처럼 일했던 것은, 그렇게 하는 것이 하나님나라에 더 득이 되리라 믿었기 때문이며, 바울을 깊이 사랑했기 때문이다. 바울과 에바브로디도는 서로를 형제로, 동등하고 평등하게 여겼다.

(3) 모든 것을 나눈다

형제는 모든 것을 나누는 관계다. 좋은 것도 나누고, 슬픔도 나누고, 기쁨도 나눈다. 형제됨으로 인하여 우리는 따뜻함을 느끼며, 형제됨으로 인하여 우리는 세상과 교회가 다르다는 것을 경험한다. 형제는 상급과 영광도 함께 공유한다.

너의 열매, 나의 열매가 아니라 그저 우리의 열매다.
너의 문제, 나의 문제가 아니라 그저 우리의 문제이며,

너의 고통, 나의 고통이 아니라 우리의 고통이다.

너의 성공, 나의 성공이 아니라 그저 우리의 성공이며,

너의 사역, 나의 사역이 아니라 그저 우리의 사역일 뿐이다.

형제는 '너'와 '나'를 '경쟁 관계'가 아닌 '우리 관계'로 묶는다. 케노시스 공동체는 자신을 비우고 하나님으로 채워 형제 공동체가 된다. 종도 없고 주인도 없다. 그저 '우리'가 있을 뿐이다. 이것이 케노시스에 기초한 교회의 모습이다.

교회는 모두가 한 부모를 모신 형제 공동체다. 목사라고 해서 1등 신자가 아니고, 평신도라고 해서 2등 신자도 아니다. 자원함으로 각자 자신의 역할을 감당할 뿐, 하나님 아버지 안에서 성도는 모두 한 형제다.

2. 돕는 자, 생명이 연결된 자

둘째, 바울에게 에바브로디도는 '돕는 자'였다.

[빌 2:25] …그는 나의 형제요 함께 수고하고 함께 군사 된 자요 너희 사자로 내가 쓸 것을 돕는 자라

(1) 당신의 정체성은 무엇인가?

교회사를 보면 많은 이들이 '형제 공동체'를 시도했던 것을 알 수 있다. 그들은 직분도 없고, 높고 낮은 것도 없는 완전한 형제 공동체를 꿈꿨다. 지위고하(地位高下)가 확연히 나뉘는 세상과는 전혀 다른 공동체를 말이다. 많은 이들이 이것이 성경적인 교회의 모습이라 믿고 추구했다. 그러나 긴 역사의 흔적을 되짚어보면 이것이 결코 쉬운 일이 아니었음을 깨닫게 된다.

형제 공동체의 핵심은 '나도 너와 똑같은 권리가 있는 형제야!'가 아니다. 누군가 그 마음을 품는 순간, 형제 공동체는 무너진다. 형제 공동체를 가능케 하는 실제적인 마음의 태도는 '돕는 자'(helper)이다. 나는 나의 성공을 추구하는 자가 아니라, 형제의 성공을 돕는 자라는 정체성, 이것이 형제 공동체를 가능하게 하는 핵심이다.

'내'가 주어가 아니라 '형제'가 주어가 되어야만 성공할 수 있다. 예를 들어, 성도가 목사를 향해 '만민이 하나님 앞에서 똑같은 제사장인데, 나나 목사님이나!'라고 생각하는 순간, 형제 공동체는 무너진다. 반대로 목사가 집사를 향해 '나는 목사고, 당신은 집사입니다!'라는 마음을 품어도 결과는 마찬가지다. 형제 공동체의 핵심은 '나는 당신을 돕는 자'라는 정체성이다. 목사는 성도들을 돕는 자이며, 성도들은 목사를 돕는 자이다. 서로를 향한 이 마음이 형제 공동체를 세우는 열쇠다.

당신의 정체성은 무엇인가? 형제를 돕는 자인가? 그렇지 않다면 바로 당신이 형제 공동체를 깨는 자다. 바로 당신 때문에 교회는 형제 공동체가 되지 못하고 세속 공동체로 남게 된다.

(2) 돕는 자 스피릿

목사의 권위에 대해 불만을 가진 분들이 있다. '만인제사장 주의'를 이야기하며, "목사나 성도나 모두 하나님 앞에 동등한 자이지, 목사라고 더 높은 신분이 아니고, 평신도라도 더 낮은 계급이 아니다"라고 소리 높인다.

이 주장은 신학적으로 옳다. 나도 동의한다. 그런데 문제는 그 완전히 평등한 형제 공동체를 어떻게 이루어갈 것이냐에 있다. '목사나 나나 똑같은 권리와 똑같은 권위가 있어'라고 '주장'하는 순간 형제 공동체는 깨지기 때문이다. 물론 목사도 마찬가지다. 목사가 목사를 위계질서의 꼭대기에 있는 자로 인식하여 권위와 권리를 주장하는 순간, 형제 공동체는 무너진다.

그렇다. 돕는 자 스피릿! "나는 우리 목사님의 성공을 위해 존재하는 돕는 자입니다!", "나는 우리 성도들을 성공시키기 위해 존재하는 돕는 자입니다!" 이렇게 서로가 서로를 향해 '돕는 자 스피릿'을 가질 때 비로소 형제 공동체가 세워진다.

형제 공동체의 특징은 모두가 '돕는 자'의 정체성을 가졌다는 점이다. 서로가 서로를 성공시키기 위해 존재한다. 그것을 고백한다. 에바브로디도는 기꺼이 평생 바울의 종으로 살기로 자원했다. 마치 예수께서 하나님의 종, 영원한 종이 되기로 헌신하셨듯이 말이다.

(3) 바울 역시 제자들을 돕는 자였다

에바브로디도만 그렇게 한 것이 아니다. 바울 역시 마찬가지였다. 바울 인생의 목표는 제자들의 삶을 성공시키는 것이었다.

[빌 2:17] 만일 너희 믿음의 제물과 섬김 위에 내가 나를 전제로 드릴지라도 나는 기뻐하고 너희 무리와 함께 기뻐하리니

[빌 4:1] 그러므로 나의 사랑하고 사모하는 형제들, 나의 기쁨이요 면류관인 사랑하는 자들아 이와 같이 주 안에 서라

[살전 2:19] 우리의 소망이나 기쁨이나 자랑의 면류관이 무엇이냐 그가 강림하실 때 우리 주 예수 앞에 너희가 아니냐

바울의 면류관, 소망, 기쁨, 삶의 목적은 오직 '너희' 즉 '형제들'이었다. 이들을 위해 바울은 기꺼이 자신의 생명을 전제로 부었다. 자신의 인생을 형제들을 위해 쏟아붓고 낭비했다. 형제를 위해 목숨을 걸고 인생을 드렸다. 바울은 형제들을 '돕는 자'였고, 이들을 섬기는 종이었다. 서로를 향한 이 헌신! 돕는 자의 스피릿이 바울 공동체를 형제 공동체가 되게 했다.

당신에게는 주 안에서 형제가 있는가? 당신이 돕는 자가 있으며, 당신을 돕는 자가 있는가? 케노시스 공동체는 '돕는 자'의 공동체다. 바울이 빌립보 형제들을 위해 그의 생명을 전제로 드린 것처럼 에바브로디도도 바울을 돕는 일에 목숨을 돌보지 않았다.

[빌 2:30] 그가 그리스도의 일을 위하여 죽기에 이르러도 자기 목숨을 돌보지 아니한 것은 나를 섬기는 너희의 일에 부족함을 채우려 함이니라

바울이 그의 삶을 제자들을 위해 전제로 부었듯이, 에바브로디도 역시 바울을 섬기는 일에 목숨을 돌보지 않았다. 생명과 생명이 연결된 관계! 이것이 케노시스가 만들어내는 형제 공동체의 아름다움이다.

나는 너를 위해 생명을 주고, 너는 나를 위해 생명을 준다.

오직 너, 나의 형제가 내 인생의 의미이며 목표다. 물론 궁극적
으로는 예수님이 인생의 목표이자 삶의 의미다. 하지만 예수
가 삶의 목표라고 하는 말의 구체적인 의미는 예수 안에서 형
제를 위해 인생을 전제로 드리는 것이다. 이것이 하나님을 향
한 믿음과 형제를 향한 사랑이 연결된 참된 신앙이다.

우리는 서로에게 생명을 쏟아붓는 헌신을 통해 생명과 생명
이 연결된 관계가 된다. 이것이 형제 공동체로서의 교회의 본
질이다.

3. 동역자, 전우

셋째, 바울은 에바브로디도를 함께 수고한 동역자이며, 함께
군사 된 전우라고 소개한다.

[빌 2:25] …함께 수고하고 함께 군사 된 자요…

에바브로디도는 바울의 형제일 뿐 아니라 동역자이자 전우
였다. 형제라는 소개가 '존재'에 대한 표현이라면, 동역자와
전우라는 소개는 '사명과 목적'을 담고 있다. 우리는 주를 위
해 함께 수고하고, 하나님나라를 위해 함께 싸우는 자들로
부름받았다.

(1) 기대가 아니라 희생에 기초한 관계

자매들에게는 미안하지만 많은 사람이 우정의 끝판왕은 전우애라고 이야기한다. "한 번 해병은 영원한 해병!"이라는 말처럼 말이다.

'전우애'에는 '관계의 속성'에 대한 중요한 가르침이 들어 있다. 이상하게도 관계 자체가 목적이 되면, 그 관계는 변질되고 비뚤어진다. 적어도 사람 사이의 관계는 그렇다. 자식을 인생의 목표로 삼고 자식에게 온 인생을 헌신한 부모는 결국 자식과의 관계가 이상하게 꼬이는 것을 보게 된다. 목표로 삼은 만큼 기대가 있기 때문에, 그 관계에 집착하게 되고, 집착으로 인한 속박과 구속은 관계를 숨 막히고 불편하게 만든다. 관계 자체가 목적이 되었기 때문이다.

부모 자식 관계뿐 아니라, 남녀 간의 사랑, 친구 사이의 우정, 교회 안에서의 관계도 마찬가지다. 관계 자체가 목적이 되면 그 관계는 비뚤어진다. 관계를 통해 무언가를 얻고자 하는 '기대'가 있기 때문이다.

그에 반해, 함께 생사를 넘나들며 조국을 위해 헌신했던 전우애는 시간이 흘러도 변하지 않는다. 왜냐하면 그것은 '얻고자 하는 기대'가 아니라 '형제를 향한 희생'에 기초하기 때문이다.

생사를 넘나드는 역경과 위기 속에서 서로의 옆을 지켰던

전우애는 가장 강렬하고 순수한 우정으로 남는다. 어쩌면 이
것이 하나님께서 '우정'을 디자인하신 방식인지도 모른다. 더
크고 중요한 사명을 위해 함께 수고하고, 함께 싸울 때, 우리
의 형제애는 한계를 넘어 순수해진다. 그 과정에서 형제를 살
리기 위한 희생이 나오고, 서로의 존재를 향한 군더더기 없는
사랑이 검증된다.

(2) 모든 관계의 비결

그리스도 안에서 이루어지는 '형제애'는 주를 위한 헌신과 수
고 속에서 만들어지는 전우애다. 형제에게 내 등을 맡길 수 있
는 신뢰와 우정이 전쟁 속에서 꽃피고 열매 맺는다.

관계 자체가 최종 목적이 되는 관계는 반드시 부패하지만,
주를 위한 헌신 속에 만들어지는 형제애는 영원하다. 연합은
서로를 바라보는 것이 아니라, 둘이서 한 곳을 바라보는 것이
다. '예수'라는 푯대를 함께 바라보고 '주'를 향해 나아갈 때,
그 결과 서로의 관계도 가까워진다. 그것이 성경적 형제애다.

교회 안에서 형제자매 관계의 비결도 전우애이며, 심지어 부
부관계의 비결도 전우애다. 부부가 하나 되기 위해 서로 바라
보기만 하면 어떻게 될까? 그렇다. 싸운다! 서로 바라보아도
타락한 아담과 하와밖에는 볼 것이 없기 때문이다.

우리 안에 선한 것은 없다. 서로 바라보면 더 실망하고, 더

서운함을 느끼고, 더 짜증 날 뿐이다. 그러나 둘이서 한 곳, 예수 그리스도를 바라볼 때, 우리는 옆에서 함께 싸우고 있는 '함께 수고한 자'를 보게 된다. '아, 연약하지만 다시 일어나서 주를 향해 걷네! 참 귀하다!' 감격이 되고, 귀하게 여겨진다. 나도 주를 향해 걸어봤기에, 그것이 얼마나 힘든 일인지 알기 때문이다. 그러니 그 길을 함께 걷는 동료가 귀하게 여겨진다. 하나라도 더 돕고 싶고, 조금이라도 더 위로하고 싶어진다. 이것이 전우애다. 함께 수고하고 함께 군사 된 자!

기억하라. 부부는 서로를 바라보는 자가 아니다. 부부는 예수 그리스도와 그분의 나라를 위해 함께 수고하고 싸우는 자다. 여기에 부부의 평화가 있다!

교회도 마찬가지다. 교회는 명확한 사명을 가지고 선한 싸움을 싸우는 곳이다. 이 선한 싸움을 위해 함께 수고하고 군사 될 때, 우리는 서로를 향해 긍휼과 사랑, 감동과 위로를 받게 된다. 이 형제가, 이 자매가 얼마나 소중한 나의 동료인지 알게 된다. 바울은 에바브로디도와 함께 주를 위해 수고하면서, 그의 소중함과 존귀함을 깨닫고 누릴 수 있었다.

4. 결론 : 하나님나라에 영웅은 없다

(1) 존귀히 여기라

마지막으로 바울은 빌립보교회에게 이렇게 도전한다.

> [빌 2:29] 이러므로 너희가 주 안에서 모든 기쁨으로 그를 영접하고 또 이와 같은 자들을 존귀히 여기라

교회에서 존귀하게 여김을 받아야 할 사람들이 누구일까? 그것은 세속적 영향력이 큰 사람이 아니다. 그것은 오히려 디모데와 에바브로디도처럼 자신이 부인된 자들이다. 자신을 비워 종과 같이 된 사람들, 형제를 돕기 위해, 교회를 세우기 위해 자신의 인생을 희생한 사람들, 이들이 하나님나라의 영웅이며, 존귀한 자들이다.

세상에서는 이들을 모를 수 있고, 세상에서는 이들을 무시할 수 있다. 이룬 것도 없고, 가진 것도 없다. 그저 바울의 종, 교회 사찰, 목사도 아닌 간사 나부랭이, 백수와 다를 바 없는 선교사. 그러나 교회는 그러면 안 된다. 교회는 이 같은 이들을 존귀하게 여겨야 한다. 하나님의 나라가 이들의 케노시스를 통해 세워졌기 때문이다.

선교사님들이 오랫동안 선교지에서 사역하다 귀국하시면

당황스러움을 느낀다. 마치 잊힌 존재처럼 느껴지기 때문이다. '아무도 나를 기억하지 않는구나.' 큰 상실감을 느낀다. 교회는 어떤 사람을 존귀하게 여겨야 할까? 주님의 나라와 교회를 위해 인생을 드린 사람, 형제를 위해 세상의 기쁨과 성공을 희생한 사람, 케노시스한 사람을 존귀하게 여겨야 하지 않을까?

(2) 함께하는 사람들

[빌 2:30] 그가 그리스도의 일을 위하여 죽기에 이르러도 자기 목숨을 돌보지 아니한 것은 나를 섬기는 너희의 일에 부족함을 채우려 함이니라

바울에게는 바울의 부족함을 채우기 위해 목숨을 돌보지 않는 사람들이 있었다. 바울의 위대함은 여기에 있다. 혼자가 아니라 함께하는 사람들, 서로를 위해 목숨을 거는 사람들이 있었다. 이들이 있기에 바울은 무서울 것이 없었다. 죽음조차도 말이다.

하나님나라에 영웅은 없다. 함께 걷는 교회가 있을 뿐이다. 서로의 부족함을 지켜보고 채우려는 사람들을 통해 바울의 사역이 완성되었고 하나님의 나라가 세워졌다. 당신에게도 이

런 동지들의 축복이 풍성하기를 축원한다. 그리고 그것은 하나님 앞에서, 그리고 공동체 앞에서 자신을 케노시스 하는 것에서 온다. 케노시스의 축복이 함께하길 바란다!

지금 당신의 기쁨은 어떤 것인가?

처음으로 다른 사람이 잘 되는데 기뻤다. 신기한 경험이었다. '내가 왜 기쁘지?' 내 안을 들여다보았지만 이해할 수 없었다. 그러나 이전에는 경험해보지 못했던 기쁨이 샘솟고 있는 것은 부인할 수 없었다. '아, 나를 중심으로 살지 않아도 기쁠 수 있구나! 손해 보고 희생해도 기쁠 수 있구나!'라는 생각과 함께 자기중심의 삶을 의심하기 시작하는 계기가 되었다.

사실, 자기중심의 삶은 고통과 절망으로 이끌 뿐 우리를 기쁨으로 인도하지 않는다. 그것을 깨달았을 때 완전히 새로운 세상이 열리고 있었다.

그래서 성경이 이야기하는 기쁨은 참 묘하다. 성경의 기쁨에는 역설이 있다. 예수께서는 십자가에서 가장 기뻐하셨다. 가장 고통스러울 것 같은 그 길이 예수님에게는 기쁨의 길이었던 것이다. 그렇다면 당신의 기쁨은 지금 어떤가?

실패한, 그러나 성공한 인생

케노시스가 있을 때, 그곳에는 항상 감동이 있다. 요나단은 아버지 사울에 이어 왕이 될 사람이었다. 자질도 충분했다. 그런 그가 아무도 간 적 없는 길을 간다. 다윗에게 왕위를 양보하고, 역사의 무대 뒤편으로 사라진 것이다!

그는 다윗의 데스티니 메이커가 되기로 결정했다. 주연을 포기하고 조연으로 내려선 것이다. 분명히 망설임과 두려움도 있었을 것이다. '이게 맞나?' 밤이면 몰려드는 복잡한 생각들에 몇 날, 며칠 밤을 지새웠을지도 모른다.

그렇다, 케노시스는 쉽지 않다. 결코 쉽지 않다. 그러나 다윗을 향한 하나님의 계획을 보았을 때, 그리고 그런 다윗을 향한 사랑이 요나단의 마음에 불일 듯 일어났을 때, 그는 모든 두려움을 이기고 무대를 내려왔다. 조용히, 아무도 모르게, 서서히 사람들의 시야에서 사라졌다.

묵묵히 사울 왕을 따라 죽음의 길을 갔다. 아무도 주목해주는 사람이 없었다. 세상에! 왕이 되었어야 할 사람이 죽었는데도 말이다! 그의 소원대로 다윗은 왕이 되었고 모든 영광이 다윗에게 주어졌다. 수천 년에 걸친 사람들의 사랑과 칭송 역시 다윗의 몫이 되었다. 요나단은 아무것도 누리지 못했다. 아무것도 소유하지 못했다. 부귀도, 영광도, 명예도 모두 다윗의 몫이었다. 그에게는 아무것도 남아 있지 않았다. 적어도 사람들의 눈에는 그렇게 보였다.

그러나 정말 요나단에게 아무것도 없었을까? 아니다. 그에게는 사람들이 보지 못하는 한 가지가 있었다. 그것은 '기쁨'이었다! 예수께서 십자가에서 누리셨던 그 기쁨이 요나단의 영혼에 넘치고 있었다! 요나단의 케노시스는 하나님을 향한 사랑과 다윗을 향한 사랑을 완성했다. 그 사랑에는 항상 기쁨이 있다.

나의 다윗이 되어주겠습니까?

요나단의 실패한, 그러나 성공한 인생 이야기다. 요나단의 '실패한, 그러나 성공한 인생' 이야기는 사람들의 마음에 잔잔한 감동을 일으킨다. 그에게서 예수의 향기가 난다. 그는 이어지는 모든 하나님의 사람들의 마음에 케노시스의 아름다움과 기쁨을 흘려보냈다.

케노시스에는 감동이 있다. 요나단의 케노시스를 통해 다윗이 데스티니를 이루고, 예수의 케노시스를 통해 인류가 복을 누린다. 그렇다. 오늘날 내가 누리는 것들은 모두 누군가의 케노시스를 통해 나에게까지 온 것이다. 다윗의 인생에는 요나단의 케노시스가 필요하다.

다윗이 되고 싶은 사람은 많아도, 요나단이 되고 싶어 하는 사람은 별로 없다. 요나단이 될 의향은 없는가? 손을 내밀어 형제자매에게 말해주지 않겠는가?

"Would you be my David?"
"나의 다윗이 되어주시겠습니까?"

이 손을 내밀 때, 요나단의 기쁨이 당신에게도 넘칠 것이다. 잠시가 아니라 영원히!

케노시스 : 자기비움

초판 1쇄 발행	2023년 7월 13일
초판 5쇄 발행	2025년 4월 22일
지은이	고성준
펴낸이	여진구
책임편집	안수경 김도연
편집	이영주 박소영 최현수 구주은 김아진 정아혜
책임디자인	마영애 | 노지현 조은혜 정은혜
홍보 · 외서	진효지
마케팅	김상순 강성민
제작	조영석 허병용

마케팅지원	최영배 정나영
경영지원	김혜경 김경희

303비전성경암송학교 유니게 과정
이슬비전도학교 / 303비전성경암송학교 / 303비전꿈나무장학회

펴낸곳   규장

주소 06770 서울시 서초구 매헌로 16길 20(양재2동) 규장선교센터
전화 02)578-0003   팩스 02)578-7332
이메일 kyujang0691@gmail.com
페이스북 facebook.com/kyujangbook
카카오스토리 story.kakao.com/kyujangbook
등록번호 1922-2461
since 1978.08.14

홈페이지 www.kyujang.com
인스타그램 instagram.com/kyujang_com

책값 뒤표지에 있습니다.
ISBN 979-11-6504-450-3 03230

규 | 장 | 수 | 칙

1. 기도로 기획하고 기도로 제작한다.
2. 오직 그리스도의 성품을 사모하는 독자가 원하고 필요로 하는 책만을 출판한다.
3. 한 활자 한 문장에 온 정성을 쏟는다.
4. 성실과 정확을 생명으로 삼고 일한다.
5. 긍정적이며 적극적인 신앙과 신행일치에의 안내자의 사명을 다한다.
6. 충고와 조언을 항상 감사로 경청한다.
7. 지상목표는 문서선교에 있다.

하나님을 사랑하는 자 곧 그의 뜻대로 부르심을 입은 자들에게는 모든 것이 合力하여 善을 이루느니라(롬 8:28)

규장은 문서를 통해 복음전파와 신앙교육에 주력하는 국제적 출판사들의
협의체인 복음주의출판협회(E.C.P.A:Evangelical Christian Publishers
Association)의 출판정신에 동참하는 회원(Associate Member)입니다.